JN144126

# 文学で平和を

国語・平和教育研究会　著

本の泉社

# この本を読んでくださるみなさまへ

国語の教科書の戦争・平和に関する教材文が少なくなっている中で、そこに焦点を絞った研究をしていこうと、この研究会を立ち上げたのは十数年前のことでした。世の中が窮屈になってきて、教育にも自由がなくなって来ましので、最も締め付けられる戦争、平和のことを国語教育の中で正面から取り上げて集中して研究しようということにしたのです。

国語教育に関係する民間教育研究会はたくさんあります。それらに所属して研究している人、所属はしていないけれども多くの団体の財産から学んでいる人たちが賛同して集まりました。ここでは9人が執筆していますが、「国語・平和教育研究会」に参加し、ともに研究を重ねた人は20人近くにもなります。諸般の事情で途中から出られなくなった方も多くおられますし、執筆を躊躇された方もおられたりして、この人数になりましたが、全ての方々から得た諸々のことが凝縮されたものとなっていると思っています。

「平和」を考えるとき、戦争に対峙するものと狭く考えるのではなく、人権・いのち・原発・労働・貧困や格差の問題、自然環境保護なども含めて幅広く考えました。この本には載せることはできませんでしたが、小学校の教材では、「夕日のしずく」（あまんきみこ　1年）「きつねのおきゃくさま」（あまんきみこ　2年）「大砲の中のアヒル」（ジョン・コーレイ　3年）「わすれられないおくりもの」（スーザン・バーレイ　3年）「風切るつばさ」（木村祐一　6年）などを、中学校教材としては、「モアイは語る―地球の未来―」（安田喜徳　1年）「小さな労働者」（ラッセル・フリードマン　1年）など多くを検討してきました。

また、実際に授業で使ってもらいたいという願いのもとに、当時使われていた教科書に限らず、かなり古い教科書も対象にして、教科書教材の分析と検討・授業化を考えてきました。しかし、教科書で戦争・平和を考えるものがだんだん少なくなってくる中で読書用に紹介されているものも含めて、教科書以外からも教材にしたいものを探してこざるを得ないようになりました。「キンコンカンせんそう」（アーサー・ビナード　2～4年）「うそつき咲っぺ」（長崎源之助　6年～中学2年）、「水木しげるの作品から自主教材『お父さんの戦争』」（水木しげる　中学1年）「『種をまく人』」（ポール・フライシュマン　中学3年）「熊谷達也『烈風のレクイエム』から」（熊谷達也　中学3年）などです。しかし、残念ですが、いずれも、この本に載せることはできませんでした。

現行の学習指導要領では「話すこと、聞くこと」が筆頭の指導項目になっています。第3項目の「読むこと」では文学も説明的文章も与えられた課題を考える資料の一つとして扱われています。「読む」「読み深める」ことで、読み手が自己の生き方を考え、新しい世界を広げ、深めていったりということが、国語の授業から消されたのです。わたしたちは読む過程を大切にして、その教材文を読むことで、子どもたちにどのような力（学力）を付けようとしているのかを明らかにしたいと考え、それに見合った授業への討論を深めてきました。

社会の状況はこの会を始めたころより一層厳しくなっています。「秘密保護法」に始まり、ＰＫＯとして武器を使うことを許された自衛隊員が南スーダンに派遣されるまでになってしまいました。教育も「〇〇スタンダード」などが強制されるなど自由はますますなくなってきています。そのような中で、この本を読まれる方々がそれぞれの目の前にいる子どもたちの実態に合わせてこれを参考にして授業を行ったり、戦争・平和について子どもたちと共に考えあっていただけたらと思っています。

中島礼子

## 【目次】

国語教科書のなかで貴重な「平和文学教材」

# 「ちいちゃんのかげおくり」あまんきみこ

（光村図書　小学校　三年）

橋口みどり

## 一　教材について　――今日的な意味をさぐる

1　小学校光村図書一～六年の国語のなかで、三つしかない平和教材、そのうち物語は、三、四年でそれぞれ一つずつ、六年生の教材は、伝えることを目的とした「総合」としての説明文である。本教材は、文章に則して読み取り、主人公に寄り添って、戦争と平和について想いを持つことのできる平和教材として貴重である。

2　学ぶ子どもたちが、かわいく親しみを感じる幼い「ちいちゃん」が主人公である。ちいちゃんに自分を重ねて、人物像を読み進めることができる。

3　「ちいちゃん」が、最後「小さな女の子の命」という表現になり、同じ運命を強いられた多くの子どもたちという視点にたつことができる。

4　空襲や焼け跡の場面は、文章からも戦争の悲惨さを読み取ることができるが、不充分である。三年生にわかるような絵や写真など資料で補うようにしたい。体験したことのない戦争のイメージを持ち、文章を読み進むなかで、戦争の悲惨さがより強く伝わる。

5　二回出てくる「きらきら」を対比して読む。意識が朦朧とし、〔星〕になってしあわせになる切なさに対して、現実のなかでしあわせになること、平和の尊さが強調されている。

6　終結部のなかで、地球上では、現在に至るまでずっと、そして今もアフガンなどで戦争が繰返されており、たくさんのちいちゃんやたくさんのお兄ちゃんがいることを話し合い、平和への願いや大切さを考える。

7　新学習指導要領で、文学作品も「総合」的な考えが色濃く出ており、「手引き」で

・この物語を人に伝える。

・話してもらう人に手紙を書く。

・戦争のころの話を聞く。

・戦争文学を読んで紹介する。

など、多面的な活動が組まれている。しかし、配当一一時間のなかで、活動主義に陥らず、文学作品として、文章に則して丁寧に、読み取らせたい作品である。

# 二　構造表

●導入部●

冒頭　「かげおくり」って遊びをちいちゃんに・・・・
P4L6
《家族でのかげおくり》

●展開部●

発端　夏のはじめのある夜、空しゅうけいほうの・・・・
P8L10
《戦争》

●山場の部●

山場の始まり　明るい光が顔に当たって・・・・
P13L8
《一人だけのかげおくり》
◎クライマックス　そのとき、体がすうっとすきとおって、
空にすいこまれていくのが分かりました。
P15L5～L6
《死》

●終結部●

結末　・・・・命が、空に消えました。
P16L6
《現実の中での平和》
終わり　・・・・遊んでいます。
P16L12

## 三　授業のポイント

### 1　表層の読み

語句の読みと意味については、小学校では、時間をかけ丁寧に指導することが重要である。特に中学年では、語彙をひろげ、イメージをひろげることができる時期なので、動作化、ゲーム化など興味が持てるよう工夫して指導する。特に、出征、空しゅう、ほのお、ぼう空ごう、ざつのう　など、戦争に関する言葉については、実物や絵や音など、資料を提示する。

言葉のなかで、次にあげる三つは、主題に関わる形象をつくる上で、重要なので、とりたてて指導する。

・かげ
1　日・月・星・灯火などの光
2　かげぼうし
3　人や物の姿、形
4　物の後ろの隠れた所

・ほしいい
炊いた米を干して乾かして貯えておく飯。これを水に浸せば、食べられる。

・消える
1　霜・雪などが解ける。
2　熱や光が絶える。
3　事物が滅びる。
4　感覚がなくなる。

5　心情がなくなる。
6　死ぬ。
7　我を失う。

## 2　導入部の読み

四要素のなかで、特に事件設定をしっかり読む。家族の固い絆で守られている、幸せなちいちゃんが、戦争の色が濃くなっていき、負わされるであろう悲しい運命が伏線になっている。

## 3　展開部の形象読み

資料の助けで、空しゅうや焼け跡をイメージ豊かに読み取る。そのなかで、父を奪われ、母と兄を奪われ、おじさん、次におばさんとも別れ、一人ぼっちになっていく、切ない哀れなちいちゃんを読む。

## 4　山場の部からクライマックスの読み

一人でやったかげおくりを、はじめ家族四人でやったかげおくりと比べて読む。家族の愛を求めて死んでいったちいちゃんの悲惨な、切ない運命を焦点化して読み取る。

・ちいちゃんの体がすきとおってきたわけ（死んだわけ）を読む。

《疲労、不安、空腹（少しの乾飯）、喉の乾き、ふらふらする足》
・ちいちゃんの死んでいく時の行動と心情を読む。

## 5 クライマックスから結末の主題読み

・ちいちゃんが、幻覚、幻聴のなかで家族を求めて死んでいった願いを読む。
・「ちいちゃん」が、「小さな女の子」になっているところから、一般化されていることを読む。
・ちいちゃん一人だけのかげおくりから、きらきら（星のかげ）となって、空の上でわらい、やがて朝になって、星のかげ（光）も消え、死んでいったことを読む。

## 6 終結部六行の主題読み

最後の「きらきら」を、結末の「きらきら」と比べて読む。
・星となって天国で幸せになる切なさに対して、太陽の輝きのもとで遊んでいられる幸せ、現実のなかでの幸せ、平和の尊さを読む。
・「それから何十年」「青い空の下」「今日も」というところで地球上では戦争が繰り返され、ちいちゃんやお兄ちゃんと同じ運命の子どもたちがたくさんいて、今も苦しんでいる。世界各地の戦争にさらされている子どもたちの現実を描いたメディアなどと対応させながら、ちいちゃんや作者の平和への願いを読む。

## 四　授業実践記録　山場の部の主題読み

①　指導構想

導入部と展開部で、かげおくりの遊びの体験や資料提示などを取り入れて丁寧に読み、山場の部でそれらを一気に総合して読む展開とする。

②　全体の指導計画・・・・・・・・・・・〈全八時間〉

・範読、表層の読み・・・・・・・・・二時間
・構造読み、導入部の形象読み・・・・・二時間
・展開部の形象読み・・・・・・・・・二時間
・山場の部の主題読み・・・・・・・・・一時間（本時）
・終結部、題名読み、感想文・・・・・・一時間

③　本時のめあて

ひとりぼっちでかげおくりをし、体が空にすいこまれ、命がきえていったちいちゃんの様子や願いを読み取る。

## 教材文〈山場の部〉

明るい光が顔に当たって、目がさめました。

「まぶしいな。」

ちいちゃんは、暑いような寒いような気がしました。ひどくのどがかわいています。いつの間にか、太陽は、高く上がっていました。

そのとき、

「かげおくりのよくできそうな空だなあ。」

というお父さんの声が、青い空からふってきました。

「ね。今、みんなでやってみましょうよ。」

というお母さんの声も、青い空からふってきました。

ちいちゃんは、ふらふらする足をふみしめて立ち上がると、たった一つのかげぼうしを見つめながら、数えだしました。

「ひとうつ、ふたあつ、みいっつ。」

いつの間にか、お父さんのひくい声が、重なって聞こえだしました。

「ようっつ、いつうつ、むうっつ。」

お母さんの高い声も、それに重なって聞こえだしました。

「ななあつ、やあっつ、ここのうつ。」

お兄ちゃんのわらいそうな声も、重なってきました。

「とお。」

ちいちゃんが空を見上げると、青い空に、くっきりと白いかげが四つ。

「お父ちゃん。」

ちいちゃんはよびました。

「お母ちゃん、お兄ちゃん。」

《クライマックス》
そのとき、体がすうっとすきとおって、空にすいこまれていくのが分かりました。

一面の空の色。ちいちゃんは、空色の花畑の中に立っていました。見回しても、見回しても、花畑。

「きっと、ここ、空の上よ。」

と、ちいちゃんは思いました。

「ああ、あたし、おなかがすいて軽くなったから、ういたのね。」

そのとき、向こうから、お父さんとお母さんとお兄ちゃんが、わらいながら歩いてくるのが見えました。

「なあんだ。みんな、こんな所にいたから、来なかったのね。」

ちいちゃんは、きらきらわらいだしました。わらいながら、花畑の中を走りだしました。

夏のはじめのある朝、こうして、小さな女の子の命が、空に消えました。

④　本時の授業記録

線引きするところを、読みの三要素の中の「文体の成立」に着目した。これは、

1　展開部を「事件の発展」で読んだので、変化を持たせる。

2　「文体の成立」で選んだ個所が、「事件の発展」で選んだ個所とほぼ一致する。

3　「読み」への関心を高めることをねらった。

提言　「あれ、何だか変な書き方だなあ。よくわからないなあ。」というところを班で相談してください。

（出てきたものを、内容ごとに整理して発問の柱を五つたてた。）

**発問1**　最初に「お父さんの声が、青い空からふってきました。お母さんの声も、青い空からふってきました。」から読めることは？

子ども　天国から声がきこえてきた。

子ども　お父さんやお母さんが呼びかけるように言った。

子ども　ちいちゃんがお父さんやお母さんに会いたい、会いたいと思っているから空耳で聞こえた。

教師　いいですね。導入部で、家族四人でかげおくりをした時、お父さんやお母さんはどこにいましたか。

子ども　お兄ちゃんやちいちゃんのそば。

教師　どこでわかるの。

子ども　お父さんがつぶやいたのが聞こえたのだからそばにいた。

子ども　「お母さんが横から言いました。」と書いてあるから横にいた。
教師　はい。ここでは、声だけが天国から聞こえてきたのですね。お父さんやお母さんとちいちゃんのいる場所を頭において、次に進みましょう。

**発問2**　「ちいちゃんが空を見上げると、青い空に、くっきりと白いかげが四つ。」が変な書き方だと言った班がたくさんありましたね。
子ども　はい、変だと思います。一つのかげぼうしを見ていたのに、白いかげが四つ見えるのは変です。
教師　なるほど。前に家族四人でやった時はどうでしたか。
子ども　四人のかげぼうしを見ていたら、四つのかげが見えた。
教師　四つのかげでしたか。よく見て。
子ども　四つのかげぼうしが、上がった。
教師　そうです。かげぼうしとかげは、どうちがいますか。
子ども　かげにぼうしがついている。
教師　みんなわかった？　ほうしは、法師で、お坊さん、人です。影法師は、人の影ですね。影には、影法師の意味の他に、あと三つありましたね。「白いかげが四つ。」のかげの意味は？
子ども　すがた、形。
教師　そうですね。一人でしたかげおくりでは、四人の姿が見えたので、かげぼうしがあがったのではありません。

（子どもが読み取れたものとして進む。）

**発問3**　さて、それはどうしてか。クライマックス「そのとき、体がすうっとすきとおって、空にすいこまれていくのが分かりました。」を読みましょう。「そのとき」とは？

子ども　一人でかげおくりをした時。

子ども　白いかげが四つ見えた時。

子ども　つけたしで、白いかげが四つ見え、ちいちゃんが、「お父ちゃん、お母ちゃん、お兄ちゃん。」と呼んだとき。

教師　次を読みます。空にすいこまれたのは？

子ども　体。

子ども　つけたしで、ちいちゃんの体。

教師　いいです。じゃあ前に家族四人でやった時すうっと空に上がったのは何？

子ども　白い四つのかげぼうし。

教師　その時ちいちゃんはどこにいたの。

子ども　地面。

子ども　地球の上。

教師　家族四人でやった時は、ちいちゃんは地面の上に立っていて、空に上がったのはかげぼうしでした。今、一人でやった時は、ちいちゃんの体が空に吸い込まれていったのですね。

教師　じゃあ、クライマックス全文から読めることは？

子ども　ちいちゃんが空に行った。
子ども　天国に行った。
子ども　白いかげが四つと書いてあったから、かげになった。
子ども　つけたしでそれは死んだこと。
子ども　意識がなくなった。
教師　それはどこでわかるの？
子ども　すうっとすきとおったから。
（「すうっとすきとおって・・・・分かる」という状態を読み深めるために）
教師　ちいちゃんは意識がなくなり、死んでしまったのですね。からだの様子はどうでしたか。
子ども　おなかがすいていた。
子ども　ひどくのどがかわいていた。
子ども　足がふらふらだった。
子ども　戦争でにげているうちに、病気にかかっていた。
教師　なぜ病気にかかったの。
子ども　戦争でにげる時、けむりをすったから。
子ども　町中がやけていた。
子ども　「暑いような寒いような」と書いてあったので、熱が出ていた。
教師　体の弱ったちいちゃんが、ふらふらする足をふみしめて、一人でかげおくりをしたのはなぜ？

子ども　かげおくりで思い出がある。
子ども　家族との幸せな思い出。
子ども　記念写真が頭に残っていた。
子ども　なつかしかった。
子ども　さみしくて、お父さんやお母さんのところに行きたかったから。
子ども　声が聞こえてきたから、いっしょにかげおくりをやりたいなと思ったから。
教師　クライマックスを前との関係でよく読めました。空襲のなかで、ちいちゃんはひとりぼっちになってしまった。体も心も弱ってきた。楽しかった思い出が浮かぶ。家族に会いたくて一人でかげおくりをしたら、空にすいこまれて死んでいったのね。
（どう？　と問いかける。子どもたちがちいちゃんにいろいろ想いをよせ、独り言を言う時間を少しとる。）

**発問4**　そして「ちいちゃんは、空色の花畑の中に立っていました。」ここから読めることは何ですか。
子ども　天国。
子ども　空色の花畑は、この世にはないほどきれいで明るいところ。
教師　ちいちゃんはそこでどうしたの。
子ども　お父さんとお母さんとお兄ちゃんに会えた。
教師　その時、ちいちゃんの気持ちは？

子ども　もう一回みんなでかげおくりがしたかった。
子ども　でもちいちゃんは、この世でお父さんやお母さんと会いたかったと思うよ。
子ども　やっと会えてうれしかった。
子ども　うれしかった。

**発問5**　最後に「夏のはじめのある朝、こうして、小さな女の子の命が、空に消えました。」を読みましょう。

子ども　前の方に、体がすうっとすきとおって空にすいこまれたと書いてあった。
子ども　ちいちゃんが天国に行った。
子ども　体から命がぬけた。
子ども　死んじゃった。死んだ時、体だけあって、命が天国に行くんだよ。
教師　「ちいちゃん」と書かずに、「小さな女の子」と書いてあるのはなぜですか。
子ども　ほかの小さな女の子も死んだから。
子ども　「ちいちゃん」と名前でよぶと残酷だから。
教師　なるほど。よく考えましたね。ここは、全体のテーマにかかわるところです。
　次の時間、終結部をやる時深く読みます。

## 五　作品のテーマ

ちいちゃんは、家族の愛に包まれて、幸せに暮らしていた。戦争で父を失い、母と兄を失い、近所のおじさん、おばさんとも離れ、一人ぼっちになっていった。戦争のもたらす悲劇のなかで、消え入ろうとする命のともし火（ちいちゃん）が、家族四人のかげぼうしを空に送って楽しく遊んだ時の幸せを空に見、平和を願って死んでいったのが、ちいちゃん（ひとりでやった）のかげおくりなのである。多くの子どもたちも同じ運命であった。

## 六　まとめ

本時の授業では『クライマックスから読めることは？』と発問すれば、前の事件も後の事件も総合して読み深めることができたように思う。

（執筆　二〇〇三年）

息子の戦死がお母さんを変えた物語

# 「お母さんの木」　大川悦生

（日本書籍　小学校　五年下　八三年使用）

中島礼子

## 教科書掲載について

「お母さんの木」はかつて教育出版と日本書籍の教科書に五年生の教材として掲載されていました。教育出版は七七年版から九二年版まで掲載されていましたが、九六年版ではあまんきみこ作「おはじきの木」に差し替えられ、日本書籍は一九八〇年版から二〇〇〇年版まで掲載されていましたが、二〇〇二年版から加藤純子作　伝記「かくれ家の生活ーアンネの日記より」に差し替えられました。

ここでは私の手許にあった日本書籍の教科書を使います。

# 一、作品について

## はじめに

作者大川悦生は民話の研究者であり、民話作者です。この物語が民話の語り口調で語られているのもそのことと深く関わっています。

作者はポプラ社から出ている「お母さんの木」のあとがきで次のように述べています。

（略）わたしはまた、民話のようなしたしみぶかい語り口で、現代の庶民の物語をつづれないものだろうか。戦争のかずかずの体験がけしてわすれてはいけないものならば、子や孫にかたりつぐべきものならば、単なる記録や〈私〉の体験にもとづいた小説の形式ばかりでなく、いつどこででも語りきかせられるような物語にしていく仕事があってもいい。ひとりの〈私〉をこえて、よりたくさんの庶民の心を反映し、そのねがいをこめた物語ができていい。現代民話をそだてたいという意識は、戦後いちはやく、あたらしい民話運動のなかでめばえていたのだから――と思いました。（略）

この本におさめたのは、けっして民話なのではなく、わたしの作品であるにすぎません。しかし、このような試みを、広い民衆の場のなかでつづけていくことにより、〈民話〉のそれにかよっているものに近づくことができるのではあるまいか。よりたくさんの試みのなかでうまれた、よりいいものが民話のようになってのこっていけばいいと、わたしは考えています。（略）

（一九六九年一〇月第一刷より引用）

引用が長くなってしまったのですが、語りの口調で語られているこの作品の底にはこの考えが大きく流れているのです。ですから、ここで語られるお母さんは特定されたある人物ではなく、日本中あちらにもこちらにもいたお母さんの姿だと思ってよいでしょう。息子を深く愛し、いとおしく思う母親の思いや願いが、状況の変化のなかで戦争の一面を知り、真理を見つけだしていった物語だ、とわたしは読むのです。

物語は日中戦争が始まった昭和一二年から敗戦後二〇数年までのことです。しかし、中心になっているのは昭和一六年から敗戦後一年たったときまでのことです。

## （一）物語の展開とお母さん像

この物語を大きく六つに分けます。

### ①（冒頭 ～ はげまししたのだそうな。）

昭和一二年に始まった戦争はついに世界中を相手に戦うようになった。その間、お母さんの息子は順々に兵隊に取られていってしまう。そのたびに一本ずつ桐の木を植え、息子の名前をつけ、毎日世話をする。遠い戦地に連れていかれてしまった息子に見立てて、大事に育てていくしかないのだ。心配や寂しさを木に語りかけることで紛らわせ、木に異常が見られれば、息子のことと結びつけて心配をする。

一日たりとも木に話しかけずにはいられないほど息子を深く愛しているお母さんですが、語りかける言葉は「ひきょうなまねはせんと、お国のために手がらをたてておくれや。」であったり、「うんと気を張っておれば、かぜもひかんものだにな。」なのです。兵隊になったからにはお国のためになれという軍国の母、精神主義の母の姿が読めてきます。息子を限りなく愛し、心配し、ひとときたりとも忘れられない思いとのはっきりした葛藤はこのときにはまだ見られません。

**②（三年すぎ、四年がたった。～　なきなさったそうな。）**

物語はここから始まります。

三年四年とたつうちに、息子たちの桐の木は五本にもなってしまった。いつもいつもお母さんはその一本一本に声をかけ無事を願っていた。

ある日、一郎が戦死をしたと知らせが来る。一郎の木には全く変わりが見られなかったのに。お母さんは悲しみをこらえ「お国のためにお役に立ててうれしい。」という。しかし、葬儀などがすべて終わると、一郎の木に取りすがって「さぞつらかったろうね。たまに当たって、どんなにかいたかったろうね。」と泣いた。

人前では息子の戦死の報に取り乱してはいけない。どんなに辛くても、「お国のために役立ってうれしい。」と言わねばならない。これは当時のごく普通の母親の姿だったし、そうしなければならなかったのです。しかし、ここでは建て前と本音との葛藤をお母さんの様子や行動から読みとることができます。これは多くの母親の共通した思いであったのだと思いますが、お母さんの場合はこれを境にして息子への考えが変わっていくのです。

**③（そればかりではない。～　曲がっていったそうな。）**

お母さんの桐の木に話しかける言葉が変わった。手柄なんてたてなくていい、ほめられなくていい。

必ず、死なずに生きて帰ってきておくれと言うようになったのだ。周りの人に何と言われようと気にしなかった。

一郎の写真に向かってはお国のお役に立ててうれしいなんて思わない、戦争で死なせるために子どもたちを生んで、育てたのではないと言い切ることもあった。

戦地の空に向かって、みんなの息子や父親を死なせて、外国をとってもいいことはない。それよりも、早く戦争を終わらせてほしいと言ったりもするようになった。

さらに、近所で出征することがあればそこへ行って無事を祈ったり、戦死した家族があれば、行って共に悲しんであげるようにもなった。しかし、戦争はますます拡大し、息子たちの桐の木はついに七本になり、すくすくのびていった。

殺された一郎がかわいそうでならなかったことや、息子たちを案じる深い思いが、お母さんに生きていることの大切さ、命の大事さを気付かせたばかりでなく、戦争に疑問を持たせ、お母さんを意志の強い行動力のある一人の人間に変えていったのです。

戦争による悲しみや苦しみなどを体験するのは自分ひとりではない、それならば、同じ境遇の母親とさまざまな思いを共有し、共感し合いたいという思いが取らせた行動でした。

息子への限りなく深い思いや経験した悲しさ、苦しさなどが普通の母親にどう生きていったらよいか考えさせ、生き方を見つけ出させていったのでしょう。

**④（長い八年もの　～　拾いなさったのだそうだ。）**

多くの都市が焼かれ、広島、長崎に原爆が落とされ、数え切れぬほどの人々が死んで、戦争は終わった。

お母さんに残された六人の息子たちで無事でいるのは一人もいなかったが、五郎だけはビルマのジャングルで行方不明だった。

お母さんは、日本中が不幸せになってしまったけれども、一人だけでいいから、返してくだされと仏壇に祈って、帰りを待った。秋になると、落ちてきた桐の葉を拾っては戦時中の父や母たちが弱かったのだと息子たちに語りかけた。

一年がたち、お母さんはすっかり年老いたのに、誰一人還ってこない。それでも、秋になって桐の葉が落ちてくるとお母さんは一枚一枚拾っては子どもたちを思い、ひとりひとりに話しかけているのだった。

とてつもなく大きな被害を出して負けた戦争。特攻隊員だったり、日本軍が全滅した島でだったり、あるいは、撃沈された船と共にだったりなどさまざまな形や場所で息子たちを戦死させ、行方不明にさせた戦争。むすこの帰還を仏に祈るしかないお母さんなのです。

しかし、お母さんの戦争に対する考えは、さらに進み広がっていきました。日本中の父親、母親が息子は兵隊にやらない、戦争は反対だと言わなかったのが悪かったのだ。だから、このように息子たちを殺し、日本をこのような不幸な状況にしたのだ、というのです。つまり、国民がみんなで戦争はいやだと言わなかったことがいけなかった。言っていたら、こうはならなかっただろうと言うのです。難しいことはなにも分からない「いなかのふつうのお母さん」がこのように自分を変えていけたのは、わが子の健やかな成長を願う強い思い、深い愛情が根っこにあって、そこから戦争や戦争で変わっていく世の中を見ていたからなのです。

## ⑤（そんなある日 ～くださらんかったそうな。）

ある日、ビルマのジャングルで行方不明になった五郎が生きて帰ってきた。しかし、このとき、お母さんは五郎の木にもたれたまま息絶えていた。桐の葉をしっかり抱きしめたままで。

老いて体も弱り果てたお母さんは子どもの帰りを待ちくたびれて、命が尽きてしまったのです。その時まで、五郎のことを心配し続け、落ちている息子たちの桐の葉に話しかけていたのでした。

何とも悲しく、痛ましいお母さんの姿です。

**⑥（しばらくして　～　終わりまで）**

五郎はお母さんのためにクルミの木を植え、大事に育てた。二〇何年か後、五郎は子どもたちとそのクルミの実を拾いながら、いつも、お母さんの話をして、二度とおまえたちの桐の木は植えたくないと語るのだった。

五郎は、七人の息子たちの無事を願い、帰りを待ち続けていたお母さんの気持ちを思いクルミの木を植えるのです。その実を拾いながらいつもお母さんのことを語り、二度とおまえ立ちのきり木は植えたくない、と自分の子どもたちに言うのです。五郎自身の体験もあり、戦争が再び起こされることのないように我が子に戦争のむなしさを語るのでした。

こうして、お母さんの願いが次々と語り伝えられていくのです。

## （二）ここに描かれている戦争の時代

この物語はアジア太平洋戦争の時代を背景にしています。表現は押さえてあるのですが、大切な内容を語っていますので、順を追ってみていくことにします。

**①の部分**

・とうとう世界中を相手にする戦争に広がって

・上の一郎から順々に、陸軍だの、海軍だのへ、兵隊にとられていった
・ひきょうなまねはせんと、お国のために、手がらをたてておくれや
・うんと気を張っておれば、かぜもひかんものだにな
・葉っぱばかりの木よりか、実がなって食べられる木がいい

ここでは戦争が限りなく拡大されていったこと、若者が次々と戦場にかり出されたことが容易に想像できます。また、食糧も不足してきたらしいことも読めてきます。さらに、子どもを兵隊に取られた母親たちでも、お国のために手柄をたてることを願うのが当たり前だったことも分かってきます。わが子を深く愛し、健やかな成長を願っている思いとが混在していたのです。

**②の部分**

・メイヨノセンシヲトゲラルタ
・お母さんは、むねもつぶれんばかり、たいそうおどろきなさったけれど、じっとこらえて
・「あの子が、お国のお役にたてて、うれしゅう思います。」
・お母さんは、人前では、なみだ一つぶこぼさんかった

ここからは当時の軍国の母親は息子が戦死をしたときに自分を殺して、どう対応しなければならなかったのかが読めてきます。それがいかに非人間的な言動の強制かは十分に想像できます。

**③の部分**

・なじるように耳うちして
・「そんなことといのれば、戦争に協力しない非国民と言われます。世間の口はうるさいで、気いつけなされ。」

ここから、戦争に反対したり批判するなど本当の気持ちなどを語ると、なんでもない人からさえも非国民と言われたこと、常にどこかで監視されているような状態で暮らしていたことなどが読めてきます。

**④の部分**

・長い八年もの戦争
・東京や、大阪がまる焼けになって、大勢の人が死んで
・広島と長崎にピカドンの原爆が落とされて、また、数ぞえきれんほどの人が死んだ
・二郎は…日本軍が全めつした南の島で死んでしもうた
・三郎は…船といっしょに、深い海の底へしずんでしもうた
・四郎は、ガダルカナルで戦死し、五郎は、ビルマのジャングルでゆくえ知れずになったという
・六郎は、沖縄に行って死に、七郎は、特別こうげき隊の飛行機で、ばくだんをだいたまま、敵の船へぶつかっていったという

ここからは原爆を投下されたばかりでなく本土が大変な被害を受けたこと、多くの犠牲者を出して敗戦したことが分かります。また、一郎たち七人の息子がどうなったのかから、アジア太平洋戦争での日本軍の状況を想像することができます。

**⑤の部分**

・破れた服を着、右足を引きずった兵隊
・生きて帰ってきました

帰還してきた五郎の様子から戦場での兵隊たちのさまざまなことを想像することができるでしょ

う。

**⑥の部分**

・五郎はお母さんの思い出にくるみの木を植え、大切に育てた。
・子どもたちにお母さんの思い出話を語り続ける五郎
・「おばあちゃんがしてくれたように、わたしは、もう二度と、おまえたちのためのきりの木を植えたくないのだよ。」

五郎が自分の体験も含めて戦争をどう思っているか、どのような世の中を願っているかが分かります。

全体を通して言えることですが、この物語からは被害者としてのお母さんに寄り添う語り手の視点は読めるのですが、加害者としての意識は読めてきません。

「みんなの、むすこや父さんたちを死なせ、外国の町だの村だのをとったって、なんのいいことがあろうかの。早く戦争をやめて、なか直りすればいいに。」

「……。日本じゅうの、父さんや母さんが弱かったのじゃ。みんなして、むすこは兵隊にはやれん、戦争はいやだと、いっしょうけんめい言うておったら、こうはならんかったでなあ。」

と、お母さんに語らせてはいますが、また、自分と同じ境遇に立たされた母親を慰めに行ったり共に悲しんだりはしていますが、それらが被害者としての意識であることには変わりがないのです。五郎がくるみの実を拾いながら自分の子どもにいう言葉も、被害者側から、戦争のない社会を願っているのです。

このことはこの物語を平和教材として子どもと読むときの弱点といえるでしょう。

## (三) 表現の特徴

この章の「はじめに」でも引用したように、作者は、この物語は民話ではないと断っています。しかし、この物語が民話ふうの語りで展開されていくことには変わりはありません。それがこの作品の大きな特徴になっているのです。

誰かが子どもたちに語っている形を取りますから、~だそうな。~したそうな。と言う伝聞体が物語の一つの区切りごとなどに多く見られます。こういう表現で語り手の断定を避けて語り伝えられた話のようにし、感情を抑えて語っているのでしょう。これは大事なことを語っている物語なのに訴える力が弱まってしまうようにも見られますが、言い切りの形に置き換えてみると、むしろ、伝聞体の方がぐいぐいと迫ってくるものがあるように思います。

状況の説明や、場面、場面でのお母さんの言動は言い切りの形で表現されています。これは作者によって十分に計算された表現とみてよいでしょう。なぜ使い分けているのかを考えることも、読みを深める上で重要なことです。

お母さんの行動などを語るときいつも　~なさる。~なさったそうだ。と丁寧語で語られています。ここから語り手がお母さんをどう思っているのかも読めてきます。また、~してしもうた。~と言うた。といった語り独特の言い回しも多く出てきます。こういった表現を手がかりに、作者がなぜ民話ふうに書いたのか考えたいものです。

この民話ふうの作品について批判がなかったわけではないのです。ポプラ社文庫版「お母さんの木」のあとがきで作者は次のように書いています。

（略）批評家たちからは、戦争体験を民話にしなくてもいい。被害者の怨念としてでなく加害者の側からこそとらえるべきだ、語り口の文学は俄に認めがたいなどと、必ずしも好意的な評価を受けてこなかった。（略）

わたしも以前はそのように思っていましたが、もう一度読み直してみるとそうとも思いません。特に、戦争があったことさえ知らない、戦争といえばゲームの世界でしか知らない今の子どもたちにはこういう口調の方が入って行きやすいのかも知れないと思います。

## 二、教材化の視点

最初に書いたように、かつて、この作品は二社で掲載され、それぞれに息の長い教材でした。また、平和を考える教材として高い評価も受けていたものでした。しかし、二社とも他の作品に変えられてしまいました。理由はわかりません。中央教育審議会で当時の国語教育が「詳細な読みに偏っている云々」といわれたことと関係しているのかも知れません。

今、いろいろな面で戦争への一里塚が作られています。国会で起立して、自衛隊などを称える拍手をする議員が多くいるなど、社会の状況もこの「お母さんの木」の時代と大変よく似ています。「平和ぼけしているのではないか」といわれている現在だからこそ、再び、子どもたちとていねいにこの作品を読む価値があると思います。

教材化するに当たって、以下の視点を考えました。

①お母さんがきりの木を植えて息子の名前をつけ、毎日語りかけ、大切に育てていることの意味。
②お母さんの考えや行動が、一郎の戦死を境にどう変わっていったのか、なぜそうなったのか。
③戦争状態になると、普通の人々の生活がどうなっていくのか。
④七人の息子たちと戦争のこと。
⑤五郎が子どもたちに伝えたかったこと。
⑥この物語が民話ふうに語られているのはなぜか。

貴重な平和教材だからといって、ここで直接的に戦争を語るのは避けたいものです。お母さんがそのときどきの状況のなかで何を思い、どう行動したかを読み深めていく中から、戦争というものが分かっていくのだと思います。また、一郎たち七人の息子たちのことをとおして、アジア太平洋戦争について分かっていくことがあるのです。

## 三、授業に入る前に

子どもたちがアジア太平洋戦争について知っているかどうかで、この作品の読みは大きく変わってくると思われます。しかし、残念なことですが、戦後七〇年が経過した現在では、ほとんどの子どもは何も知らないと思った方がよいでしょう。

そこで、日常の読書指導や夏休みの読書指導などをとおして、この戦争に限らず、戦争について書かれている物語などの紹介をしておきたいと思います。また、そういった本や写真集、資料集などをたくさん教室に置き、子どもたちがいつでも開けるような環境にもしておきたいものです。

夏休みの課題として、この戦争について読んだり調べたり資料集めをするというのを与えてもよいでしょう。

また、たくさんの現代の戦争民話があることを知らせ、それらも読むように勧めることも大事です。

## 四、指導計画

### (一) 指導目標

○ お母さんの息子たちを思う気持ちや願いを読む。
○ お母さんの考えがどう変わっていったか、なぜそうなったのかを読む。
○ 五郎が子どもたちに伝えている願いを読む。
○ ここに描かれた時代とお母さんたちの生き方について話し合う。
○ この物語を民話風な語りにすることで作者が伝えたかったことを話し合う。
○ 授業をとおして学んだことや考えたことを中心に感想文を書く。

## （二）指導計画　全一〇時間

＊①学習方法　授業はだいたい次の手順を取る。
・一時間分の文章を読んで書き込み（書き出し）をする
・書き込み（書き出し）をもとに話し合いをする
・その時間のまとめの感想文を書く。
②指導上の留意点は必要に応じて※印で挿入してある。
＊満州事変以降の戦争の歴史年表、アジア太平洋戦争の戦域地図を作り、子どもたちに渡しておく。必要に応じてそれを参考にしながら読み進める。

**第一時**　①を読む（冒頭　～　はげましなさるししたそうな）

ねらい
・物語の時代背景を知る。
・お母さんの人物像を読む。

授業の流れ
1　題名から内容を予測する。
※題名読みは主題とかかわってくるので大切にしたいが、深入りはさける。
2　①を読んで、分かったことや疑問など書き込みをする。
3　指名読み（どの時間も同じなので以下は省略する）

4　時代を確認する。すこしむかし――昭和一二年
※今の子どもから考えるとかなり昔のこと。この物語を書かれた年代を説明する必要がある。

5　書き込みをもとに話し合いをする。
・書き方（表現の仕方）のこと
昔話を語るような語り口調になっている
（・印の次の一字下げた文は読みの予測を例示。以下同じ）
※なぜこのように書かれているのか、軽く話し合わせたい。
・時代と状況のこと
中国との戦争がどんどん拡大した
世界中を相手にした戦争になった
お母さんの息子が順々に兵隊にとられた
※この時の戦時体制と「七人のむすこ」については説明がいるだろう。
※「兵隊にとられた」と「兵隊に行った」の違いに留意させる。
・おかあさんがしたことと、そこからわかること
きりの木のなえを植えて、子どもの名前を付けていった。
戦争に取られた息子がかわいい
息子だと思って育てている
・きりの木に語り掛けるお母さんのことばからわかること
いつも気にかけている

息子たちが傍にいるように思っているのだろう
きりの木の状態から息子の様子を想像している
国のために役に立ってほしいと思っている
※「それでも何でも」など、語り手が話していることばにも留意させたい。
※「ひきょうなまね」「お国のためにてがらを立てる」などは具体的な行動を語らせたい。
※「うんと気を……かぜもひかんもの」などお母さんのことばを手掛かりにいイメージをつくらせたい。
・残っている息子たちが言ったこと、その理由、思いなど
お母さんのすることや思いを理解できない
食べ物が不足していたのだろう
6　お母さんについて子どもたちが分かったことや思ったこと考えたことを話し合う。
※ここはお母さんのことばの話し合いと入り混じって話し合われることも予想される。
7　ここからわかる戦争について書き、話し合う。
8　今日の学習の感想文を書く。
※感想文は全員のを印刷して、次の時間に渡せるようにしておく。
（以下、どの時間も同じ）

**第二時**　②を読む（三年過ぎ、四年がたった　〜　なきなさったそうだ）

ねらい
・時代や状況を読む。
・一郎の戦死を知ったお母さんの姿を読む。
授業の流れ
1　前の時間に書いた感想文を読んで、簡単に意見交流をする。
2　②を読んで書き込みをする。
3　書き込みをもとに話し合いをする。
・戦争の年表を参考にして時代の確認をする
・きりの木のこととお母さんのこと
きりの木が七本に増えた
お母さんがしたこと
※きりの木の描写、お母さんの描写を手掛かりにする。
・一郎の戦死のこと
メイヨノセンシヲトゲラレタと片仮名になっていること
トゲラレタと敬語で伝えられている理由
・知らせを聞いたお母さんのことで分かったことや思ったこと
とても悲しかったのに我慢している
「お国のお役に立てて…」と言っているが、本当の気持ちではないだろう
遺骨が帰ってきても泣かなかった

※お国のために死ぬことは名誉だとされていたことは説明する必要がある。
※遺骨　白木の箱　白いきれも同じく説明がいる。
※お母さんのについて書かれていることばをもとに読み取ったことを話させたい。
　疑問も出ると思う。ここはいろんな考えを出させることが大事だ。
・お葬式がすんでからのお母さんのことで分かったことや思ったこと
　本当はとても悲しかった
　お母さんの本当の気持ちを一郎の木に話しかけている
　木に話しかける言葉が前とは違ってきている
　※お母さんのことば、描写からわかったこと、イメージしたことを丁寧に出させたい。
4　戦死の知らせを聞いた場面だけ、文末が言い切りの形になっているのはなぜか話し合う。
5　この時間の感想文を書く。

**第三、四時**　③を読む（そればかりではない　～　曲がっていったそうな）

ねらい
・一郎が戦死してからのお母さん像を読む。
・お母さんの考えが変わっていった理由を話し合う。

授業の流れ
1　前の時間の感想文を読んで簡単な意見交流をする。
2　③を読んで書き込みをする。

3　書き込みをもとに話し合いをする。
※表現されていることの奥、裏側にあることを豊かに想像させることが読みを深めることになる。
　ここの授業ではそこを特に意識させたい。
・お母さんが木に語りかけることばが変化したこと
　本気で息子たちが生きていることを願っている
きりの木に話しかけていたことばが本当の気持ちではなかったと気付いた
あとの息子たちは生きて帰ってきてほしい
一郎が名誉の戦死をしたなどとは思っていない
・周りの人たちとお母さんのこと
（周りの人たち）
　近所の人はお母さんを監視していたのだろうか
お母さんがきりの木に話しかける言葉が気に喰わないみたいだ
本当の気持ちを言っても、非国民と言われるとは厳しすぎる
親切ぶって、きりの木を切るように言っている
　※「非国民」が表わす意味については当時の状況とつなぎ合わせて、教師が説明する。
　※「なじるように耳うちして」
（お母さん）
　お母さんは少しも変わらなかった
　※「それでも何でも」に留意させる。

きりの木を大切に育てているけれど、話しかけることばが変わった
一郎の写真に初めて本当の気持ちを話している
お母さんは言いたいことを今まで言えなかったから、つらかったと思う。
・お母さんの戦争観、お母さんがしたこと
早く戦争が終わればよいと思っている
悲しみなどをわかっているから、子どもを兵隊にとられるお母さんを慰めに行っている
・きりの木のこと、お母さんの様子
4　戦争やこの時代の世の中のことで分かったこと、思ったことなどを話し合う。
5「お母さんは、いなかのふつうのお母さんだから……。」とわざわざ書いてあることについて話し合う。
※深入りしない。民話風に書かれていることを話し合う時の布石になればよい。
6　お母さんについて思ったことや考えたことを書いて発表する
7　この学習で分かったことや思ったこと、考えたことなどを書く。

**第五、六時**　④を読む（長い八年もの戦争じゃった　～　拾いなさったそうな）

ねらい
・お母さんの戦争観の変化とそうなった理由を話し合う。
・お母さんの人物像を読み深める。
・アジア太平洋戦争について分かったことを話し合う。

授業の流れ　（子どもたちの読みの予測は省略する。以下の時間も同じ）

1　前の時間の感想文を読んで、簡単な意見交流をする。

2　④を読んで書き込みをする。

3　書き込みをもとに話し合いをする。

・時代の確認をする

・戦争や状況ことで分かったこと、思ったこと

※「ピカドンの原ばく」は子どもが知らない場合は教師が説明する。

※原爆や東京の空襲のことなどで知ってることを話させたいが、それが目的ではないので時間をかけ過ぎないようにする。

※この年の八月一五日が敗戦の日であることを話す必要がある。

・お母さんについて分かったことや思ったことなど

※「一人だけでいに……」とこれまでとはちが違った言い方をしていることに注目させたい。

※お仏壇に向かってしか言いようがなくなったことと合わせて話し合わせたい。

・息子たちのことで分かったことや思ったことなど

※「二郎は……日本軍が全めつした南の島で死んでしもうた　～　七郎は、特別こうげき隊の飛行機で、ばくだんをだいたまま、敵の船にぶつかっていったという。」

ここは丁寧な説明いる。

※戦域の地図を参考にする。

・きりの葉に語りかけるお母さんのこと、息子たちのこと
※「なにも、おまえたちのせいでないぞえ。〜　いっしょうけんめい言うておったら、こうはならんかったでなあ。」に留意させる。
4　この時間の感想文を書く。

## 第七、八時　⑤、⑥を読む（そんなある日　〜　終わりまで）

ねらい
・お母さんについて読む。
・五郎の願いを読む。
・表現読みをして、作品世界のイメージを豊かにする。

授業の流れ
1　前の時間の感想文を読んで簡単に意見交流をする
2　⑤を読んで書き込みをする
3　書き込みをもとに話し合いをする
・帰ってきた時の五郎について分かったことや思ったことなど
※「破けた服を着、右足を引きずった」など、五郎の描写からそれまでのことを想像させたい。
※「生きて帰ってきました」とわざわざ言っている点に留意させる。
・お母さんについて分かったことや考えたことなど

※五郎の木によりかかって死んでいたお母さんについて、子どもの自由な読みをたくさん引き出したい。
・お母さんの死を知った時の五郎のこと
※「よんでも、ゆすぶっても、もう、目を開けてはくださらんかったそうだ」と「死んでいなさったそうだ」を比較して、五郎の思いを考えさせたい。

4　⑥を読んで書き込みをする。

5　書き込みをもとに話し合いをする。
・五郎について分かったこと思ったことなど
・子どもたちについて思ったことなど
・五郎が子どもたちに語りかけていることの意味
・古くなったきりの木は、あらかた切られてしまったこと
※「古くなったきりの木」は何を象徴しているか話し合わせたい。戦争体験、戦争そのものの風化のことがでてくるのではないか。
・きりの木ではなく、くるみの木を植えたことについて

6　全文を表現読みする。

7　この時間の感想文を書く。

## 第九時　まとめの話し合い

ねらい

・「お母さんの木」が民話のような文体を取っている意味を考える。
・「お母さんの木」という題名の意味を考える。

授業の流れ

1　全文を黙読しながら、語り口調だと思う箇所に印を付ける。
2　班ごとに印を付けた箇所を確認し、なぜそういう文体を取ったのかを話し合う。
3　班の代表がまとまったことを発表する。

※民話ふうの文体の意味を考えるのはかなり難しいことだと思う。そこで、班学習という形を取った。

4　③の部分で「お母さんは、いなかのふつうのお母さんだから、………日本が負ける戦争だということも知りなさらん。」と書いている意味をもう一度考える。
5　それぞれの考えを発表する。
6　作者がこの文体を選んだ理由を話し合う。

※このお母さんが特別なのではなく、多くのお母さんの願いだったこと、お母さんの息子を思う深い愛情はどのお母さんにも共通していること、戦争の無意味さ、悲しさ等々がずっと語り伝えられるといいという作者の願いが民話ふうの形になったのだと子どもたちが理解してくれればよい。

8　全文を表現読みする。

**第一〇時**　感想文を書く。

ねらい

・書きたいことを絞って、感想文を書く。

授業の流れ

1　もっとも印象に残っていることを何人かに話させる。

2　書きたいことを選んで、感想文を書く。

## 五、予想される授業の展開例（部分）（T　教師　○　子ども）

第七、八時

～前時の感想発表と意見交流、⑤の書き込みの後～

五郎がお母さんと出会った場面、お母さんの死と五郎、五郎の思いを読む　の三場面の予想される話し合いを考えてみます。

**五郎が帰ってきた場面**

T　それでは話し合いに入ります。五郎が帰ってきた場面で話したいことがある人、どうぞ。

○　五郎がやっと帰ってきてよかったと思いました。

○　五郎がすごく苦労して、疲れて帰ってきたのだと思った。

T　どこからそう思ったの。
○　「足を引きずった兵隊」と書いてあって、これは五郎のことだから。
○　そこから、五郎がビルマのジャングルで逃げているとき、怪我をしたんだと思う。
○　いつか分からないよ。戦争をしている時かもしれない。でも、かなりの怪我だったことはわかる
○　「歩いては休み、休んでは歩く」と書いてあるから、かなり足が悪いんだ。
○　すごく疲れているのもわかる。
○　「やっとこ、戸口にたどり着くと」ってところからも、ものすごく疲れていることが分かる。
○　ここにつくまで、大変だったと思いました。
T　そういう様子で、五郎が帰ってきたのですね。
○　なんで、「はがき一まいこなんだが」って、わざわざ書いてあるのかな。
○　五郎が帰ってきたときは、戦争が終わって、一年ぐらいしかたっていなかったでしょ。外国から
手紙がうまく届かなかったんじゃないの。
○　五郎はジャングルの中を逃げてたし、はがきなんて書いてられないよ。
○　はがきなんて持ってなかたっと思う。
○　連絡する時間がなかったと思う。
○　帰ってくるだけで、精いっぱいだったんだよ。
T　日本政府としても行方不明の兵隊を積極的に探そうとはしなかったようだし、誰がどこにいるか
も、いつ帰るかも全然わからなかったのです。世の中がものすごく混乱していたの。
帰ってきた場面を続けます。

○「お母さん、おどろかんでください……」というところ。五郎は戦争が終わって一年以上もたっているとわかっていたから、こういったと思う。

○かえってくるって、連絡もしてないから、お母さんは知らないと思っている。だから、びっくりすると思ってこう言った。

○大喜びすると思ってる。

○五郎はおかあさんによろこんでもらいたかったし、じぶんもかえってきてうれしかったと思う。

**お母さんの死と五郎**

T　五郎が裏の空き地に行ってみた場面に行きますね。話したいことがある人、どうぞ。

○家の中はひっそりしていて、誰もいなかったから、びっくりして、畑に行ってみたんだね。

○お母さんがきりの木の所にいるって、よく分かったね。

○五郎は、兄さんたちが兵隊にとられたとき、まだ家にいて、いつも、お母さんが空き地にきりの木を植えて、声をかけていたことを知っているから、きっときりの木の近くにいると思って行ってみたのだと思う。

○「お母さんが五郎の木にもたれたままになっていなさった。」ここから、五郎の帰りをずうっと待ていたのが分かります。

○「拾うたきりの葉をだきしめ」これ、五郎の葉かな。

○今までも、七人の息子の葉を拾ってたんだから、みんなの葉だと思う。

○この時まで七人のむすこの帰りをずうっとずうっと待っていたことが五郎も分かったね。

○お母さんのことで。前の場面で、お母さんは「目はかすみ、ほおはこけ、こしもすっかり曲がってしもうた。」のところで、待ちくたびれて、でも、帰ってこないし、生きる元気もなくなったから、うんと年とってしまったんだろうっていうことだったでしょう。それだから、とうとう死んでしまったんだと思います。

○この日も、お母さんはいつものようにきりの葉を一枚一枚拾って、話しかけていたんだ。
○拾ってるうちに気分でも悪くなったのかな。疲れが出たのかな。
○五郎の木にもたれて死んじゃったなんて。
○もうちょっとで五郎に会えたのに、惜しいねえ。
○でも、お母さんは頑張ってきたんだよ。寂しいし、つらいし、待ち遠しかったのに。
○でも、残念だなあ。
○お母さんが死んでいると分かって、五郎はびっくりしたし、悔しかったと思います。
○「よんでも、ゆすぶっても、もう、目を開けてはくださらなかったそうな。」と書いてあるから、「死んでいました」と書いてあるのより、五郎の驚いたのが分かる気がします。

○悲しみも、伝わるよ。
○すごく悔しいと思ったのも分かる。
○せっかく帰ってきたのに、何で死んじゃったんだあって思ったのが分かる。
T表現から、五郎の思いが読めるというのね。すごい発見ですよ。
○やっとお母さんに会えると思ったのに、悲しかったし、寂しかったと思う。
○五郎がかわいそう。

○　お母さんは五郎が帰ってきた時には死んでしまっていた。すごく会いたがっていたのに、息子に会えなくてかわいそうだと思う。五郎も、お母さんに生きて帰ってきた自分を見てもらいたかったと思うのに死んでいたから五郎もかわいそう。

Ｔ　お母さんも五郎もかわいそうだって思ってるのですね。息子たちを待ちつづけたお母さんのことも五郎は分かったというのですね。

みんなで読んでいったら、わたしが考えていたよりも深く、この物語が読めてきました。みんなで読むのってすばらしいね

**五郎の願いを読む**

Ｔ　「おばあちゃんがしてくれたように、わたしは、もう二度と、お前たちのためのきりの木の木を植えたくないのだよ。」ここを話し合いましょう。どうぞ。

○　お母さんのように、戦争に取られた息子の代わりに、きりの木を植えることがないようにしたい。

○　一郎たちが兵隊にとられてから、お母さんがしたことや言ったことを知っているから、自分の子どもにはそんなことはしなくてもよい世の中になるといいと思っている。

○　お母さんのように戦争に取られた子どものことを思って、悲しんだり、苦しんだりする人がいる世の中はいやだと思っている。

○　五郎は、自分の子どもを戦争で兵隊に行かせたくないと思っている。

○　五郎はジャングルを逃げ回ったんだと思う。足に怪我もしたし。だから、戦争はつらくて、苦しいだけだって分かってるでしょ。だから、戦争はしたくないって思っている。

○きっと、思い出したくないんだ。もしかしたら、忘れたいと思っているかもしれないね。
○七人兄弟なのに、自分一人だけしか帰ってこなかったでしょう。それって、ものすごく悲しいことだから、もう戦争はしたくないと思ってるんだと思う。
○五郎はもう二度と戦争はしたくないし、子どもたちを戦争に取られたくないと思っている。だから、こういったと思う。
○そういうことを子どもたちに伝えたかったんだ。
○自分の子どもたちも、同じ考えを持って欲しいんだと思うよ。
○だから、いつもいつも言うんだ。
○子どもらの頭をなでながら言うでしょ。ここから、五郎が、こんなかわいい子どもたちを戦争に行かせられないと思っていることが分かる。
T　五郎が自分の子どもたちに「戦争はしたくない。お前たちを兵隊にしたくない」と言うだけでなく、子どもたちの子どもたちにもそれを伝えて欲しいというのですね。

このような話し合いがなされるのではないかと思います。

## 六、実践記録から　──子どもたちの読み──

この作品を討議しているとき、三の部分のリアリズムが問題になりました。お母さんが、息子たちのきりの木に話しかける言葉や、戦地の方を眺めながら語りかける言葉はオーバーだし、お母さんの劇的な変化にはリアリズムがない。けれども、それがすんなりとできてしまったのは、語りという形、つまり、民話の形を取っているからだろう、というのです。いくつかの意見が出されましたが、討議の場はこの意見に落ち着きました。

ところで、学習の主体である子どもたちはそこをどう読んでいたのでしょう。たまたま、わたしの手許にかなり前にこの作品を読んだときの子どものノートが二冊だけ保管してありましたので、そこから子どもたちの読みを紹介します。

一時間分ずつ教材文をプリントしたものに、子どもたちは書き込みや感想を書いています。毎時間それを綴じ合わせていき、読み終わったときに、それぞれ、一冊の読みノートが完成することになるのです。授業の進め方は、ここに書いたのとほぼ同じでした。

## (1) 書き込み（書き出し）から

◆「二郎も、三郎も四郎もな、一郎兄さんみたいに死んだらいけん。てがらなんて、立てんでもいい。隊長さんにほめられんでもいい。きっと、いきて帰っておくれや。」

○ ここから、お母さんは一郎が死んでしまって、つらい思いをしたから、話しかける言葉をかえたんだと思う。それから、自分の話しかけた言葉のせいで死んでしまったと思って、言葉を変えたのかもしれない。（Mさん）

○ お母さんは、一郎が死んでしまって、すごく悲しかったから、これ以上悲しい思いはしたくなかったのだと思う。前までは、てがらを立てておくれやと言っていたけど、今は、一人が戦死してしまったからもう戦死してほしくなかったのだと思う。（Yさん）

◆「今だから言うよ。おまえが、お国のお役に立てて、うれしいなんて、本当なものか。戦争で死なせるために、おまえを生んだのではないぞえ。いっしょうけんめい大きくしたのでないぞえ。」

○ お母さんは戦死した一郎に、本当にうれしいなんて思っていないことを伝えたかったと思う。だから、一郎が死んだと分かっていても、言った。（Mさん）

○ 前までは、兵隊に取られるのがあたりまえだと思っていたかもしれないけど、今は、一郎が死んでしまったから、こういうふうに言ったのだとわかる。お母さんは、一郎が戦死して、すごく悲しいということがわかる。一郎の戦死がすごいショックだったから、心のなかで、本当に思っていたことを一郎に話しかけるように言ったと思う。（Yさん）

## （2）感想文から

三の部分を読み合ってから書いた、「ここまでのお母さんについて」という感想文をいくつか紹介します。これは、何人かの感想文をプリントしたものが先のノートに綴じ込まれていますので、そこから取ったものです。

○ お母さんは戦争は絶対に終わると信じている。むすこが少しでも早く帰ってきてほしいと願ってると思う。

　お母さんは近所で兵隊に取られていく人の無事をいのっているし、遺骨が帰ってくれば、いっしに泣いたりしているのだから、本当に他の人たちの悲しみもわかるし、心配もしている。

　一郎たちが兵隊に取られたばかりの時は、それがあたり前だと思っていたかもしれないけれど、一郎の戦死がきっかけで、だんだん考えが変わっていって、今では、絶対に戦争はいやだと思っている。だから、お母さんは戦争が終わらなくても、自分ができるだけのことはやっている。お母さんは、戦争に反対だという考えは絶対にかえないと思う。（Yさん）

　Yさんの感想と同じようなのを多くの子どもたちが書いていました。物語の展開に即して、お母さんに寄り添いながら読んでいき、「お母さんは戦争は絶対にいやだ」と思い「戦争に反対だという考えは絶対にかえないと思う。」と自分の読みとったことを書いているのです。

○　私はお母さんはなんにもできないと思っていたけど、お母さんは近くの人が兵隊に取られると無事をいのったり、いこつが帰ってくると泣いたりしているから、お母さんは自分のできることはちゃんとやっている。
　お母さんは戦争がやめばいいと思っている。

　お母さんは一郎が死んでから、戦争をにくんでいると思う。お母さんは一郎が戦争で死んでとても悲しかったからこれ以上悲しい思いをしたくないと思っている。

　お母さんは自分のむすこだけでなく、他の人のむすこやお父さんたちのことも心配している。

お母さんは一郎がかわいそうで、他の人のむすこやお父さんが心配だから、自分のできることをしたと思う。（Oさん）

自分の子どものことだけを考えていたお母さんが、一郎の戦死をきっかけに周りにも目を向け、同じ状況に置かれたお母さんの思いを想像し心配をしたりするだけでなく、行動にも表している。戦争になっても母親はなんの行動もできないと思っていたのが、このお母さんと出会って、ひっくり返されたのです。自分のできる範囲で周りに働きかけるようになったのです。そこに0さんは感動しているのです。

これは0さんの問題意識のありようと深く関わっているのだと、私は読みました。一つの作品を読んでも、読み手によって何処に感動し、何を考えるかが違っているおもしろさを、0さんが図らずも教えてくれたのだと思いました。だからこそ、集団で読む大事さ、おもしろさがあるのでしょう。

○　お母さんは二郎や三郎が死ぬ前に戦争が終わるだろうと思っていたけど、息子たち全員が取られていってから、初めて、戦争がはげしくなってきたということがわかったと思う。

お母さんは前からも、息子がどんどん兵隊に取られていって、うれしいなんて思っていなかったけど、一郎が死んで、戦争というものがどんなものかわかってきたから、本気で戦争に反対しはじめたんだと思う。それから、他の息子たちがどんな思いで戦争をやっているのかとかも考え始めた。

だから、お母さんは自分ができることならやってあげたいと思って、少しでも、みんなに戦争がどんなものだか知ってもらいたいし、みんなにも戦争に反対してもらいたいと思っていると思う。（Tさん）

「息子たちが全員（兵隊に）取られていってから、初めて、戦争がはげしくなってきたということがわかったと思う。」と書いています。これは、Tさん自身もそうであったのだと思うのです。「一郎が死んで、戦争というものがどんなものかわかってきたから、本気で戦争に反対しはじめたのだと思う。」というのも同じです。他の所でも文末表現が「思う。」となっているのはその現れとみてよいでしょう。

Tさんはお母さんの思いや行動に同化しながら読んでいったのです。こういう文章で感想を書くことが、自分の読みを確かめることにもなっていったのだと私は思いました。

○いくら人前で泣かなかったお母さんでも、人がいなくなってから、きりの木に取りすがって泣いたから、役に立ててうれしくないと思いはじめて、戦争に反対するようになった。その前までは、少しはお役に立ってほしいと思っていたから、一郎の死がきっかけになった。

お母さんは自分の息子が戦死してから、他の家の人の悲しさがわかるから、もっと戦争がいやになっていると思う。

戦争に行った息子たちが一日も早く帰ってきてほしいと願っていると思う。

お母さんは戦争のことをくわしいことは何も知らないけど、外国の町とか村を取ってなんのいいことがあるのか、早くなかなおりしてほしいと思っているから、前より深く戦争のことを考えている。でも、自分ではどうすることもできないけれど、できることをやっているから、本当に戦争はいやだと思っている。（Kさん）

Kさんは具体的な出来事をあげながら、お母さんの戦争観の移りゆきに焦点を当てて、読みとったことを書いていき、最後に、「前より深く戦争のことを考えている。」と書いています。

ここは、「リアリズムがない」と指摘された、その箇所なのですが、Kさんはお母さんの戦争に対する考えの深まりだと書くのです。かなり前の実践ですから、確かなことは覚えていませんが、この読みはみんなで話し合っていくなかで出てきていたのではなかったかと思います。

出来事に出会うたびに人間は考えを深めていくのだということに気付いたから、Kさんはここで書いているのだと読むのは、私の読み込み過ぎでしょうか。

お母さんのことばがオーバーで劇的な変わり方にリアリズムがないが、語りという形はそこを乗り越えているという先の話し合いは、実践上裏付けされたと見てよいのではないでしょうか。

補足
アジア太平洋戦争の地図は、中学校の社会科教科書の歴史編や中学校社会科資料集などに出ています。また、ほるぷ出版の「家永三郎編　日本の歴史」にも出ています。それらを参考にするとよいでしょう。また、「お母さんの木」はポプラ社から出版されています。

（執筆　二〇一六年）

極限状況のなかでも、人間らしく生きた人々から、
今、学ぶことは何か　自分とのかかわりを考えながら読む

# 「フリードルとテレジンの小さな画家たち」

野村路子（学校図書　小学校　六年上）

今井成司

## 一　教材化の視点について

第二次世界大戦中に、強制収容所に閉じ込められやがてアウシュビッツに送られて、殺されていった子どもたちと、画家フリードルの生き方が、絵を描くことで交差する、伝記的な文章です。文章の構成はやや複雑です。学習では、初めに時間的な順序として再構成して理解する必要があります。また、七〇年も前のこと、しかも欧州でのことです。写真などで、補うことも必要でしょう。

戦争は、戦場で戦う兵士だけでなく普通に生活している人々をも、まきこみ、殺傷します。とりわけヒットラー・ドイツ軍による、ユダヤ人への迫害は、狂気の沙汰でした。なぜあのようなことが、計画的組織的に進められたのか。それが分かった時、人々は唖然としました。非人間的なことが、平

然と大規模に、計画的に行われるのが戦争なのです。この教材を通して戦争の、愚かしさ、悲惨さを、感じ取ってほしいと思います。

この教材は、そのような過酷ななかで、どう生きたのか、フリードルの生き方、考え方、行動を読むことで、人間の尊厳を考えることができます。また、一時的であっても家族との楽しい暮らしやかかわりの経験が、その後どんなに過酷ななかでも、子どもたちに希望を与えるかを教えてくれています。また、表現するということが人間が本来持っている、生きることへの希望なのだということも、この話は語っています。

この話に出てくる人々の思い、行為に触れながら、それぞれが自分の考えや、感想を持ちながら、話し合い・交流して深めていきたい教材です。また、それらを通して、自分の人間としての生き方や、平和や人権について考えを深めていくことのできる教材です。

構成については先に述べたとおりですが、表現についても、洗練されていて、婉曲な表現が多用されています。ここでは、自分の言葉で読みかえること、イメージをどう作っていくのかが、課題になるでしょう。

## 二　指導計画（一〇時間）

1　話の全体を大きくつかむ。感想文を書く。

2　感想文をもとに話し合う、交流する。

3　収容所での親たちの願いを読み取る。
4　収容所での子どもたちの生活を読み取る
5　フリードルと子どもたちの出会いを読み取る
6　フリードルの生い立ちと芸術への考え方を読み取る。
7　絵を描くことでの子どもたちの変容を読み取る。
8　「東」へ連れられて行ったフリードルと残された子どもたちの絵について読みとる。
9　残された絵から聞こえる声について考える。
10　残された絵を見て、語りかける文を書く。脚本を書く。

## 三　授業の展開（例）

**〈第1時〉**全体をつかみ、感想文を書く

ねらい　全体をつかみ自分なりの考えや感想を持つ

### （1）全文を読み大体をつかむ

教師が全文を範読します。そのあとで一章から七章までに、小見出しをつけて、整理していきます。その際には、場面・場所をできるだけ入れるようにします。この作品は、時間的な経過が、複雑に入

り乱れているからです。

〈小見出しの例〉
①テレジン収容所、一九四三年、冬が近いある日―大人たちの会話
②テレジン収容所、子どもたちのひどい暮らし―収容されたわけ
③テレジン収容所、ある夜―フリードルと子どもたちの出会い―絵を描き始めて
④フリードルの生い立ち・生き方
⑤テレジン収容所、喜ぶ親たち、子どもたちの変化
⑥戦争が終わって、一九四五年、見つかった四〇〇〇枚の絵
⑦五〇年近くたって、ビリーの証言

こう見てくると内容は次の三つに集約されるでしょう。
Ａ：テレジン収容所でのこと、
Ｂ：フリードルの生い立ちと生き方のこと、
Ｃ：残された絵のこと、
この三つすべてに、第二世界大戦が重くのしかかっているのです。
ここで、ヒットラー・ドイツ軍による、ユダヤ人への迫害、虐殺について、特にアウシュビッツについては写真などを見せて補います。

## （2）黙読して感想文を書く

全体の把握が済んだら、各自、黙読してから感想を書きます。

「この話を読んで、どんな感想を持ったか、一番強く感じた所を中心にして書きましょう。そう感じたわけも書きましょう」

**〈第2時〉** 感想文を読みあい交流する

ねらい・感想を話し合い、感じ方の違いや共通点に気付く。読みの目当て、課題をつかむ。

### （1）同じところや違うところを考えながら話し合う（T＝教師　C＝児童）

前もって子どもたちの書いた感想文は読んで分類しておきます。

T　○○さんお願いします。感想文を読んでもらいます。

T　（読み終わってから）聞いてどう思いましたか。

C　子どもたちがつらい生活のなかで、絵を書いて笑顔を取り戻したことが良かった、というのはわたしも同じです。

C　わたしはそうは言っても、やはりつらい苦しい生活だったと思います。だからそう言いきれません。

C▼　私は絵のことはあまり感じませんでした。それよりも「東行き」の列車という言葉に怖さを感じました。

T　今読んでもらった〇〇さんのように〝絵のこと〟」で書いた人はいますか。

・・・たくさんいますね。大事なところですね。（「絵のこと」××人・・・板書）

T　C▼さんのように、「東行き」とかアウシュビッツについて書いた人はいますか。」

これも多いですね。（東行き…××人・・・板書）

T　では、今度は〇〇さんの感想を読んでもらいます。

T　聞いていて、どう思いましたか

C　大人たちがしっかりしていて、子どもたちのことを考えていることがわかりました。

C　うちのお父さんならばやはりこうするのかな、と考えました。どっちかなあと。

T　これは親たち、大人たちについての感想でしたね。

このように親たちのことを書いた人はいますか。あっ、少ないけれどもきっと大事なことですね。

このように感想を話すなかで、それぞれの感じ方の違いや、共通点などを整理していきます。むしろ、違うことを大事にしていきます。

## (2) 感想を分類して自分の感想を見直す

T　では、ここで自分の感想はどんなことを書いたのか、見てもらいたいと思います。一つの感想文でも、いくつかのことに触れて書いてあるので、何回手をあげてもいいですよ。それに、一つだけでもいいのです。そこが一番強く感じたのですから。

1　絵のことで書いた人。××人。（以下同じ）
2　収容所のこと、アウシュビッツのこと
3　親たちのこと
4　フリードルの生き方、行動について
5　ビリーのこと
6　戦争について
7　子どもたちの気持ちや生活のことで
8　人間とは…みたいなこと
9　文章のこと・言葉のこと・表現のしかたのこと

T　絵のこと、収容所・アウシュビッツのこと、フリードルの生き方について書いた人が多いようですね。少ないことも大事にしましょう。

## （3）グループで読みあい、話し合う。

4人ぐらいのグループになって、それぞれの感想文を読みあいます。四人全員が発表し終わってから、話し合うようにします。

C　自分も、〇〇さんと同じで、苦しい時でも希望を持てたというところがすごいと思った。
C　私も、絵を描くことで、希望が出てくるというところですが、どうしてかなと思います。不思議です。

C　○○さんは、絵を見たい、と書いているけれども、どうしてですか。

話し合うなかで、自分も同じ。そこは考えていなかった。今、わかった。そう言う見方もあるんだ、など、これからの読みの課題や方向が見えてくるようにしたいものです。

**(4) これから読んでいく時の自分の考え、課題を書く。**

話し合いが終わったら、これからこの話を読み進めていく自分の課題、考えをノートに書きます。

**(5) 全文黙読して、読みを広げたり確かめる。**

T　では、友だちの感想などを活かして、全文を黙読しましょう。

読みおわったら聞きます。

T　読みながら、友だちの感想がどこかで浮かんできましたか。

たくさん手が上がるようなら、感想の読みあい、話し合いがうまくいったということでしょう。

**〈第3時〉** 親たちの願いを読む

ねらい・会話と説明を分けて読む。親たちの願いを話し合う。

〈用意するもの〉収容所の写真。世界地図・欧州地図。

この第一章は簡単な説明と人々の会話という形で、これから展開される内容が凝縮して表現されています。状況と人々の願いを読むことになります。

（この後からは、教師の発問、指示は「○」で、子どもの反応と発言は「・」で示します）

## （1）構成を話し合い、場面と説明を分ける

まず、本文を音読します。
○どんな場面ですか
・収容所の人々の会話です。
・子どもたちのことを心配しているところです。
・フリードルが子どもたちに絵を描かせようと言っています。
このようなやり取りの後で「会話」部分、２ヵ所、を見つけて囲ませます。
こうすることで、構成が分かってきます
それを音読しながら確認していきます。
○会話と会話に挟まれているところは何になっていますか。
・話している人々の様子です。その場の様子。
・時代と場所の説明です。
このような話し合いで、以下のようにまとめておきます。

構成（板書）

会話1　人々

説明1　その場の様子・・・小さな状況

説明2　時代背景　・・・大きな状況

会話2　フリードルと人々

## (2) 収容所の様子と人々の様子を話し合う

説明部分の「大きな状況」から読んでいきます。

○　場所はどこですか――地図を見せてききます。

・テレジン収容所です。チェコのプラハの北にあります。

○　ここからどんなことが言えますか。

・北海道よりも北ですから冬はとても寒いと思います。

・ドイツがチェコも占領していたのがわかります。

ここで、テレジン収容所を描いた絵を見て話し合います。

（『フリードルとテレジンの小さな画家たち』よりコピー）

・バラックが多い。有刺鉄線であちらこちらと囲まれている。

・向こう側には行けないようになっている。昔の町がそのまま使われている。
・病気やけがをしたらどうするんだろうか。
この後で小さな状況に入っていきます。
○　この会話の場面はいつのことですか。
・一九四二年の秋の終わり、冬の初めです。
・今から七五年前。ある夜のことです。
○　収容所の人々はどんな様子ですか。
・北風が入ってきて寒い。
・泥だらけのコンクリートは冷たいと思います。
・畑仕事をして汚れていても、シャワーも風呂もない。
・そこで人々は、声をひそめて話し合っています。
・つらい生活をしているのがわかります。
そこで、どんな話をしているのかへと読み進めます。

## (3) 会話の中から人々の願いとフリードルの思いを読み取る

会話のかぎかっこの上に話している人、一、二、三、四、五、F(フリードル)、を記入します。役割を決めて会話部分のみを音読します。

○　どんな気持ちかを考えて読みましょう。
そのあとで「どんなことがわかるか」を話し合います。
ここは次のような板書をして書きこんでいきます。
ひとびと・フリードル左下、絵。　左下
北風・寒い。泥だらけのコンクリート
フリードルをひとびとの中に入れておきます。
《皆と同じようにフリードルもここに入れられていることをこうやって確認します。》
「子どもたちをこのままにはしておけない」
《心配している》
子どもたち・絵　右上。「暗い顔・笑顔がなくなった。足を引きずって。目の輝きもなくなった。」
フリードル。画家四四歳。「子どもたちに絵を書かせましょう。生きる力になります」目が輝いている。
これらを話し合いながら、書きこむなかで、

（板書例）

子どもたち
一九三四年冬
フリードル44才
絵をかくことが生きる力になる。やりましょうよ。
大人たち
あの子たちをこのままにしておけないわ。
みんな大きくうなずきました
コンクリートの床

親たちの心配と何とかしたいという強い願いを読んでいきます。

「見つかったら死刑になるかもしれない。」

「子どもたちのためなら命がけでやりましょうよ」

という会話から厳しい状況と、フリードルと大人たちの強い気持ちを読み取ることができます。

さらに、次の言葉をノートに書きます。

「絵を描くことが子どもたちの生きる力になるって、私、そう確信しているんです」

「確信」の語意について調べてから、フリードルの意志のつよさについて話し合います。

○ この自信（・言葉の強さ・目を輝かせた）、はどこからくるのでしょうか。
・きっとどこかで経験しているから言える言葉だと思います。
・体験に裏打ちされている言葉だ。だから親たちも従う気になったのだと思います。
この部分の話し合いは、後で出てくるフリードルの伝記につながっていきます。

○ 親たちはどうして命の危険を冒してまで、やる気になったのですか。
・フリードルの自信に満ちた言葉で心が動いたのです。
・子どもたちを見ていて、今何とかしてやりたい、目の輝きを見たい。
・とにかく、やってみようではないか。
・絵を描くことならできそうだからです。
この話し合いで、悲しいまでの願いを感じられるでしょう。

### （４）場面を読んでの感想を書き話し合う。

○ ここは収容所にいる人たちとフリードルの会話でしたね。ここでの人々の様子・会話からどんなことを感じますか。ノートに書きましょう。

として状況・様子・会話にかかわって書かせるようにします。

（例文）

・親たちは自分たちがとてもひどい目にあっていても子どもたちのことを考えています。命をかけてまで子どもたちを何とかしたいという気持ちが伝わりました。

・このままでは、子どもたちはだんだんと元気がなくなると思います。でも親たちは何もできないのです。辛いことです。フリードルが「絵を描かせよう」と言ったとき、これなら何とかできそうだと希望を感じたのではないでしょうか。

・フリードルは、絵を描くことで生きる希望が生まれると言いましたが、自分のこれまでの経験から言ったのだと思います。どんな厳しい状況でも自分たちが考えたことをやるということがいいのだと思いました。

発表しあってから、本文の音読。役割読み。終了。

**〈第４時〉** 収容所の子どもたちの生活、様子を読む

ねらい・ユダヤ人への迫害を読み感想を持つ。子どもたちの暮らしを読み、想像する。

〈用意するもの〉。写真。欧州の収容所の地図。

この第二章は、ヒトラー・ドイツ軍のユダヤ人への迫害と、テレジン収容所での子どもたちのひどい暮らしが書かれています。ヒトラーの戦争については、年表、写真などで、理解できるようにします。『ユダヤ人は公園に入ってはいけない』というポスターなどできれば写真で見せたいものです。

## (1) ユダヤ人への迫害を読み話し合う

音読したら二つに分けます。

　前半――ヒトラーの戦争とユダヤ人への迫害
　後半――テレジン収容所の子どもたち

第二次世界大戦について、年表や写真を見ながら話します。さらにユダヤ人たちは、欧州の各地に住み、その地の人々とともに、暮らしていたことは伝えます。

○ ヒトラーは、ドイツや占領した地域に住むユダヤ人に対して、どんなことをしましたか。
○ ノートに書きだします。

初めは・・・
そのうちに・・・
その後・・・

と書いて、三つ並べて書き出してから気がついたことを話し合います。この三つの接続語は、作者の極めて意図的な書き方です。

初めはちょっとした制限だったのですがだんだんと、厳しくなっていきます。人々が抵抗できないように徐々に規制を強化していったのです。気づいた時には強制収容所への連行となったのです。本文では「町から、家から追い出され」た、となっていますが、実際は、捕まえられて、連れていかれたのです。人々は後になってこの計画に気付いたのでした。この文章には書いてありませんが、その間ナチスは、収容施設を作ったり、確保したりしていたのです。すべて計画的でした。

## (2) 子どもたちの生活のひどさを読み感想を書く

ここは、

住むこと

強制労働

食事

の三つに分けて、ノートに書きだします。そのあとで、話し合います。

教科書に出ているベッドの写真を見て気づいたことを話し合います。

・ここに三、四人寝れるのだろうか。

・北海道よりも北の国で、冬はどうなるのだろうか。

絵を見て話し合います。

・車を引いています。新しいバラックを何のために作らせるのだろうか。

・土を耕し、水をまいています。どんなものが取れるのだろうか。

食事はどうなのでしょうか。
・これでは病気になってしまう。
・疲れてしまって動けなくなる。

こんな話し合いの後で、子どもたちの暮らしから感じたことを、感想としてノートに書き発表しあいます。

ナチスドイツの容赦のないやり方に怒りを表明する子もいるでしょう。強制された、自由のない暮らし。それも生きる上での最低限のものも用意されていない暮らし。寒さや、飢え、病は命を奪うことへとつながっています。このような感想が出されるでしょう。

・どうして逃げなかったのか。

こんな感想が出たら、さらに話し合います。

**〈第5時〉** フリードルと子どもたちの出会いを読み取る

ねらい・子どもたちに語りかけるフリードルの思いを想像する。

楽しかったころの絵を書くことについて自分の感想を持つ。

ここ、第3章は、物語・出来事として展開されているので子どもたちの様子、語る言葉を丁寧に読んでいきます。そのことで

①なぜ楽しかったころの絵を書かせようとしているのかを読みとる。

②子どもたちの変化の始まりを話し合う。

七五頁のルース・ハイノバーの絵、についてもどんな思いで描いたのかを話し合います。そして、感想を書き話し合います。

## (1) フリードルと子どもたちの出会いを話し合う

三章を音読します。

○ どんなことが起こりましたか。

・フリードルが女の子たちの部屋を訪ねました。

・絵の勉強をしようと言いました。

・それで、子どもたちも、絵を描き始めました。

○ まとめて言うと、どう言えますか。

・フリードルと子どもたちの出会い。

・絵を描き始めた子どもたち。

この二つをおさえます。

## (2) 子どもたちの反応、様子について話し合う。

○ 子どもたちは、どんな反応をしましたか。

・寝ていたけれど体を起こして、フリードルを見た。
・おきあがらない子もいた。疲れていたのだと思います。
・いつの間にかみんな近寄ってきて、まわりをかこんだ。
○どうして、周りに集まってきたのだろうか。
・久しぶりに聞く優しい声だったので。
・お母さんみたいに感じたから。
・明るい笑顔だったから。
・つらい労働、貧しい食事だけれども、何か、楽しそうなことが始まる感じがしたので。
つらく苦しい日々だけれどもフリードルが現れて、何か、変化の予感がした、それが子どもたちをうごかしたのでしょう。

そこで、フリードルは言います。

## (3) フリードルの言葉から考える。

○フリードルは集まってきた子どもたちに、どんなことを言いましたか。二回繰り返して同じようなことを言っている言葉がありますね。それをノートに書きだしましょう。
・楽しかったころのお話しをしましょう。
・楽しかったことを思い出しましょう。
繰り返して言うことはそれがとても大事なことだからだというおさえをします。

○なぜ、フリードルは、楽しかったことを思い出して絵を描こうと言ったのでしょうか。
・子どもたちに元気を出してほしいからです。
・生きる希望を持ってほしかったからです。
・明日はいい日になると信じて生きてほしかったからです。
ここまでは、本文に書かれていることの読みとりです。
なぜ、それを絵に描くことが希望につながるのかは、書いてありません。次に、それを考えます。

## (4) 楽しかったころの絵を描くことが、なぜ生きる希望につながるのかを考え、話し合う。

○なぜ、楽しい思い出を描くことが、希望につながるのですか。——自由に話し合います。
・楽しいことを思い出すことで、つらさを忘れることができるから。
・そうかもしれませんが、それではまだ目は輝きません。もっと大事なことがあると思います。
話し合いは、うまく進まないかもしれません。その時は本文から、次のように展開します。

遊園地——家族と一緒だった。
学校——先生や友だちと勉強、遊んだ。
キャンプ——屋外で、みんなと

これらを板書します。

○　ここからは何が言えますか。

・みんなといっしょだった。

・父、母から、大事にされていた自分がいた。

・自由に活動できた自分がいた。

・それを絵に描くのだからイメージがよみがえってきた。

実は、楽しい思い出の中には、「人間としての自分が確かにいた」。それを思い出すことで、今は、みじめだけれども、自分は、生き生きとしていたときがあり、自由だったときがあり、大事にされていた自分がいた、という記憶がよみがえってきたのです。

そして、話し合いだけではなく、絵を描く作業のなかで、それぞれの子どもたちが、じっくりとそれらを再現して行ったのです。楽しい世界に入って行ったのです。

こんな話し合いができればいいと思います。もう一つ加えるならば、どんなに自由が奪われてはいても、思い出すこと、想像すること、それを表現することで、人間らしさを保つことができるのではないか、それを教えてくれてもいます。

## （5）どんな絵を描いたのか読みとり、感想を書く。

子どもたちはどんな絵を描いたのかを話し合います。七五頁の遊園地の絵を見て話し合います。

次に、絵を描くなかでどう変わっていったのかも、読みとります。
・明日は遊園地にいけるような気になってきた。希望が出てきた。
・みんな笑顔になってきた。
感想を発表することで、学習のまとめとします。

**〈第6時〉** フリードルの生い立ちと芸術への考え方を読む。
ねらい・フリードルの生き方、芸術への思いを読み取り、感想を持つ。

## (1) 年表に整理する。

第四章を音読してから確認します。

○ ここには何が書かれていますか。
・フリードルのことです。
・彼女の伝記です。この収用所に来るまでの半生です。
・フリードルの生い立ちと生き方について書いてあります。
ここは、伝記的な部分です。年表に整理してから、彼女の生き方について考えます。
次のような、年表を配り、読みとって記入していきます。

5章以下で書かれていることについては、そこを読んだ時に記入します。

## 《フリードルと戦争と子どもたち（年表）》

・一八九八年　ウイーンで生まれる
・一九九二年　四歳、母親（　　　　　　　　　）
・そのころのフリードルのしていたこと（　　　　　　　）
・ウイーンの（　　　　　　　）で勉強した
・ドイツに移り住む
このころに見たこと・・・第一次世界大戦のころ
（　　　　　　　　　　　　　　　　　　）
そのころのフリードルの考え方と仕事
・学んできた芸術を（　　　　　　　　　　　）仕事に熱中していた。
・一九三三年　ヒトラー政権につく（ドイツ）
・（　　　）を去ってプラハに移り住む
・一九三九年　第二次世界大戦始まる。
・ユダヤ人の子どもたちを集めて（　　　　　）を開いた。
・ドイツにいた仲間たちが（　　　　　　　）けれどもことわった。
・（　　　）年、秋、（　　　　　　　）へ送られてきた。
・テレジンでの子どもたちとの出会い

・一九四四年一〇月（　　　　　　　　　　　　　　　　　　　　）
・一九四五年五月欧州戦線、ドイツの敗北。
・（　　　　　　　）が見つかる。

## (2) 芸術を生活の中に、について話し合う。

本文、四章を音読してから、フリードルが生まれたころについて確認します。
・一八九八年です。
・およそ、一一〇年前です。

○ フリードルは、画家になって、どんなことを考えて仕事をしましたか。
この問いで、読みをつなげ、広げます。
・日常生活で役に立つものにしたい、と考えた。
・それで、子どもたちが、喜ぶような、おもちゃやいすをつくった。

○ なぜ子どもたちが喜んだり、子どもたちの役に立つものを、と考えたのでしょう。
これについては書いてありませんから、想像してもらいます。
・自分が子どものころさびしい経験をしたので、子どもたちに喜んでほしかったと思います。
・おもちゃや、幼稚園の机、は子どもが使うものです。きっと子どもたちの笑顔が見たかったのだと思います。

○ そうかもしれませんね。子どもたちのことを考えていたのですね。それをさりげなく書いてある文があります。どれですか。

・「戦争のえいきょうで親を失った子供や、食べ物を求めて歩く子供たちの姿が多く見られました」のところです。

フリードルにとっては、親と別れたり、貧しい暮らしをしている子たちが、気になっていた、何とかしたいという思いがあった。それがこの表現に表れています。

## (3) 外国への逃亡を断ったことについて、話し合う。

当時、ヨーロッパにいた多くのユダヤ系の芸術家たちは、ナチスの弾圧を恐れて、アメリカなどへ、亡命しました。しかし、フリードルはそうはしませんでした。ここは少し、説明しておぎないます。フリードルの仲間たち、はドイツにいた人々です。おそらくドイツ人も含まれているでしょう。フリードルがいるチェコ・プラハも危険になったので、「外国に逃げてください。書類も作りました」という知らせがドイツから来たのです。この書類をつくった人たちもいのちがけです。それほどしてでもフリードルを逃がしたかったのです。でも、フリードルは、それを断ったのです。

○ なぜ、断ったのですか。理由をノートに書きだしましょう。

・「私だけが助かるわけにはいかないのよ。わたしの部屋で過ごす時間だけが幸せだという子どもたちがいるのよ」

○　連れていかれたら命はないとわかっているのにどうして断ったのだろうか」――考えます。
・自分一人だけ助かるわけにはいかない。
・子どもたちは、絵を描くことで、幸せを感じている。だからおいて逃げるわけにはいかない。
・自分の芸術は実際の役に立つものだから、苦しんでいる子たちの役に立つ限り、ここにいたい。
彼女の芸術に対する考え、生活に対する考えが根底にあったという読みができます。

**（4）テレジンへ送られるときのフリードルのしたことについて話し合う。**

ありったけの紙類をあつめて持って行ったことについて話し合います。
「どんな時でも、美しい絵を描いたり、何かを作ったりすることは大きな楽しみであり、生きる力になる」を中心に話し合います。

**（5）感想を書き話し合う。**

フリードルの生き方について感想を書き話し合います。

**〈第7時〉** 絵を書くことでの子どもたちの変容を読み取る。
ねらい・子どもたちの変化について、自分なりの考えを持つことができる。

第五章は、絵を描くことで変化して行った子どもたちとそれを喜び、支える親たちの姿を読んでいきます。人間らしさについて考えます。

## (1) 親たちの喜びと、行動について話し合う。

第五章を音読した後で聞きます。

○ ここは主に何について書かれていますか。

1 親たちが喜び、紙や素材を集めたこと。
2 子どもたちの生活が変化したこと。
3 テレジン収容所のことに話はもどります。

こう、押さえた後で、まず、親たちの気持ちと行動を読んでいきます。

○ 子どもたちが、笑顔で描いているというフリードルの報告に対して親たちはどうしましたか。

・大喜びしました。
・それで、紙を探したり、自分のセーターをほどいて毛糸にして渡したりしました。
・子どもたちが笑顔になってうれしかったのです。

## （2）子どもたちの変容を読み取る。

○　子どもたちはどう変わりましたか。ノートに書きだしましょう。
・紙やクレヨンを分け合って仲良く使っている。
・言葉遣いも丁寧になった。
・相手のことを考えて我慢できるようになった。
＊寒い夜毛布を独り占めすることもなくなった。
＊じゃがいもも大きいのを取りたくて睨み付けるようなこともなくなった。
（＊のところは本文では、「・・・」で省略されていますので、これ以外にもあったことに気づかせます。それを補って読ませるようにします。）
・やさしく、話しかけ、ほほ笑むようになった。
○　これらを聞いて大人たちはどうでしたか。
・喜んだと思います。
・よかったと思った。
どうして喜んだのか、うれしいのか、次の展開でさらに深めていきます。

## （3）人間らしく生きるとはどういうことか。書いて話し合う

○　なぜ大人たちは喜んだのですか。

・子どもたちが笑顔になったからです。
・仲良くなったからです。
・やさしく、生活できるようになったからです。
・子どもたちが笑顔だと親もうれしいのです。

このような話し合いになるでしょうが、これは一般的な答えです。ここではさらに深めます。

「親たちも強制収容所の中です。今までと生活は全く変わりません。それに、いつかは、殺されることも感じています。それなのに、子供たちの笑顔や、仲良く生活していることが、どうしてうれしいのですか」

挑発的な問いです。次のように聞いてもいいでしょう。一般的な親としての考えではなく、この極限の状況のなかでどうなのか、と考えるためです。

「厳しく、つらく、殺されることが分かっているのに、絵を描くことや笑顔は、何の役に立つのですか」

これらの問いで人間らしさとは何かを考えます。ノートに書いてから話し合います。

例を挙げてみます。

・たとえ、殺されていく命でも、自分たちでは大事にしていたいのだと思います。いい生き方をしてほしいのだと思います。
・もう駄目だからとあきらめてしまって、みんなが勝手なことをしたとしたら、それは、相手の思うつぼです。そう言うやつらだから、差別されても当然なんだ、とナチスに言われてしまいます。
・人間らしく生きていくことが大事なんだということです。それでうれしいのです。

・それに、ナチスが弾圧しても、自分たちは、希望を持っている、人間らしく普通に生きている、ということが、弾圧に負けない姿勢なんだと思います。

下を向いたり、弱弱しくなること、仲間割れをすることが弾圧や迫害の一つの狙いですから、希望を持って生きられたならば、ナチスの狙いは達成できないことになります。弾圧や迫害は、人間性までは奪えない、むしろその前では力を失うのです。親たち、大人たちはこんなことをどこかで感じていた、だから喜んだのです。

強制収容所のなかで、厳しい生活に耐えながら「やさしくあいてに話しかけ、ほほ笑みあう子どもたち」という表現が、迫害・弾圧の無力さを語っています。少なくとも、人間らしく生きているということを示しているのです。

＊ナチスのユダヤ人への弾圧の理由の一つには「ユダヤ人は劣っているからだ」というのがあります。極限状況にあっても人間らしく振舞うということは、このナチスの弾圧の理由を否定することになるのです。

＊今の子どもたちも、生活のなかでいわれのない非難や意地悪にあっているはずです。その時、その圧力の前に自分はどうしたのか、屈してしまったのか、それともひそかに胸を張っていたのか。それができなくてもどこかにそれに負けまいとする意志があったはずです。そういう自分の経験をここで、話し合えるといいでしょう。

**〈第8時〉**「東へ」連れ去られていったフリードルと子どもたちと残された絵について読みとる。

ねらい　子どもたちとフリードルの身に起こったことについて想像しながら読むことができる。

第六章はフリードルがアウシュビッツに連れて行かれたことと戦後に見つかった絵のことです。象徴的な表現を言い換えて理解していきます。そして考えます。

## (1) 子どもたちのことについて読みとり話し合う。

本文を読んでから聞きます。

○　子どもたちはどうなりましたか。

・栄養失調や病気で倒れた子、働けなくなった子は、どこかへ連れて行かれた。

・ベッドに一人で寝られるくらいに減った。

これについて話し合います。

○　なぜ、どこへ、どうやって連れて行かれたのか。

これは書かれていませんが、子どもたちが知っていることや調べたことなどをもとに話し合います。

・働けないのは邪魔だから、もう用はないというので、連れて行かれた。

・牛や馬をのせるような貨車に乗せられて、カギがかかっていて外には出られない。何日もかかってはこばれた

・そして、アウシュビッツで殺された。

○　ベッドに一人でねられるようになったということはどう言う意味ですか。

・前は四人で一つだったから、そのうちの三人はいなくなってしまったということです。

○　四人のうち三人は連れていかれて、殺されたということですが、後のほうを読むとどう書いてありますか。

・一万五〇〇〇人のうち一〇〇人だけ生き残ったと書いてあります。

ここは図示します。

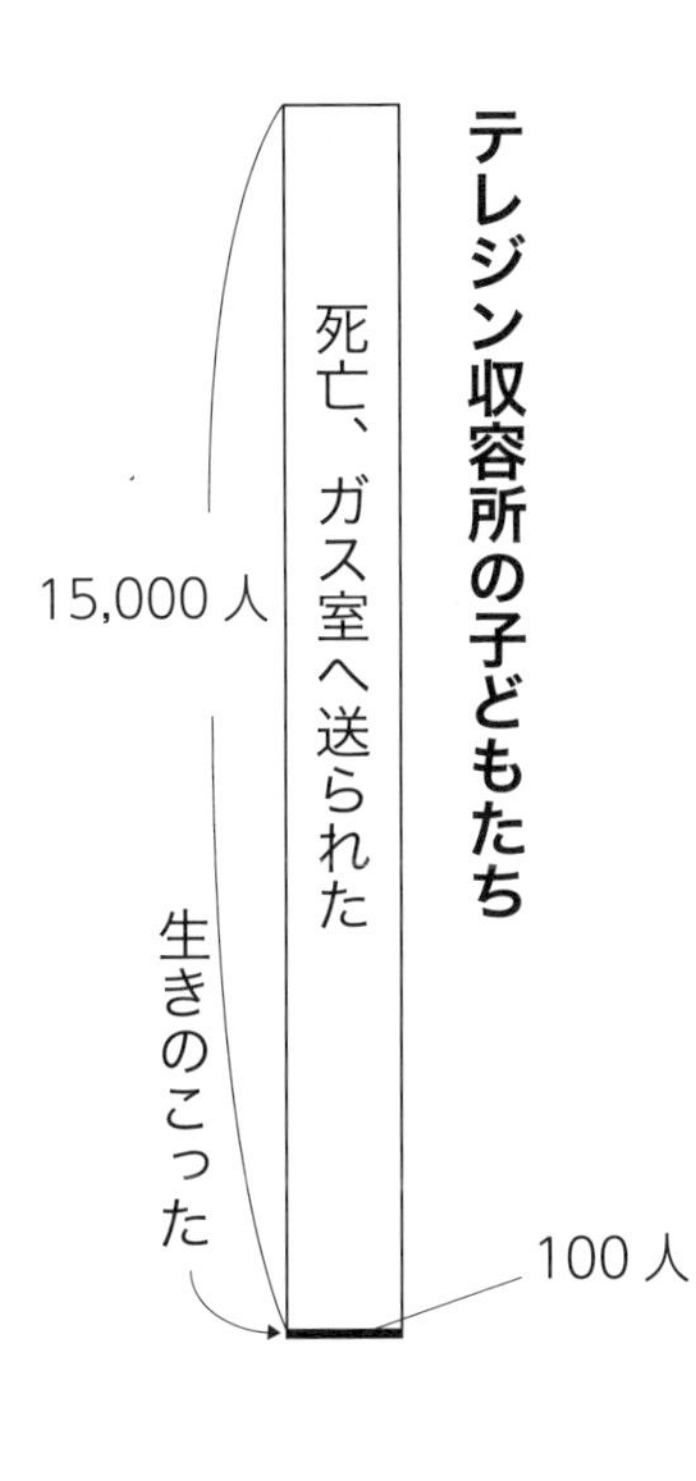


○　ここからどんなことが想像できますか。

・ほとんどの子どもたちは死んでいった。殺されたということがわかります。

・次々とアウシュビッツに送られていったことがわかります。

・そして次々と新しい子どもたちが連れてこられたこともわかります。

・収容所は、送り出すための一時的な場所だったと思います。
・子どもだけでなく大人たちも次々と貨物列車に乗せられて送り出されたと思います。
テレジンはほぼヨーロッパの中心にあり、アウシュビッツへ、送り出すための中継地でした。

## (2) フリードルに起こったことついて話し合う

○ フリードルは、どうなりましたか。
・一九四四年一〇月、「東行き」の貨物列車でアウシュビッツに連れて行かれた。
・ガス室で殺された。
○ 「東行き」という書き方からどういう感じがしますか。
・怖い感じがします。
・行き先がはっきりわからないのがこわい感じです。
・もう戻ってこられない場所という感じがします。
欧州地図で、アウシュビッツがテレジンの東に位置していることを確かめます。

## (3) 見つかった子どもたちの絵からわかることを話し合う。

・四千枚の子どもたちの絵
・遊園地、学校、キャンプ、家、花とちょうちょの絵

○　ここからどんなことがわかりますか。感じますか。ノートに書きましょう。
　書いたら話し合います。

・見つかったのは四〇〇〇枚だから、すごくたくさんの子たちが描いたと思います。
・子どもたちは、次から次へと送られていったこともわかります。
・フリードルは、こんなに多くの子たちと絵を描いたということがわかります。
・フリードルは危険を冒してあちらこちらと子どもたちを訪ねて絵を描いたことがわかります。
・絵を描いている時は子どもたちは幸せだったと思います。
・四〇〇〇枚見つかったということは本当はもっとたくさん描いていたと思います。
・でもなぜ、燃やされないで残っていたのですか。隠しておいたのですか。
・絵が残っていたので、子どもたちが確かに生きていた、ということがわかってよかった。

二年間で、少なくとも、四〇〇〇枚の絵が描かれたのです。子どもたちも一心に描いたであろうことが、想像されます。そこにはフリードルがいたのです。話し合うことで、イメージを広げます。

**〈第9時〉**残された絵から考える
　ねらい・子どもたちやフリードルの残したものから、人間や戦争についてのメッセージ、願いを
　　　　　話し合う。

第七章では絵が残したメッセージとは何かを考えます。

## (1)「名前を書く」ことについて話し合う。

本文を音読してから、

○　ここで一番強く感じたのはどこですか。
・名前を書くことの大事さです。
・ビリーが二〇年以上もかかって絵に名札をつけたことです。
・フリードルと子どもたちの命がけのメッセージというところです。
おそらく、この三つが出されるでしょう。この三つについて話し合っていきます。

○　名前を書くことがどうして大事なのですか。本文から見つけましょう。
・お父さんやお母さんがつけてくれた名前だから。
・物ではなく人間だからということを言いたいから。
この発言に対してはさらに深めていきます。

○　人間だから大事だというのは、何に対してそう言っているのですか。
・ドイツ兵の言葉です。「おまえたちには名前はいらないのだ」という言葉です。
・この言葉は人を物と同じように扱っています。

・それに対してフリードルは、一人ひとりが名前を持つかけがえのない存在だと言っているのです。
・だから、名前を書くことは大事なのです。
・まだあります。フリードルは、自分たちが、殺されると思っていたのです。だからせめて、絵だけでも残しておきたいと思ったのです。生きていた印として。それで、名前を書かせたと思います。

○ビリーについて話してください。
・収容所で、絵を描くお手伝いをしていました。
・生き残った一五〇人の中にいました。
・共鳴というのは心から賛成ということです。
・だから、二〇年かけてでもほとんどの絵に名札をつけたのです。
・名札をつけて、「この子がいたんだよ」とみんなに知らせたいのです。

## (2) フリードルと子どもたちの命がけのメッセージについて考える。

○命がけのメッセージとは何を指して言っていますか。
・残された絵です。

○命がけとは、この場合どういうことですか。
・描いているのを見つかったら殺されてしまうかもしれない。
・子どもたちに教えているのがわかれば殺されてしまうかもしれない。
・寒い部屋で、食べ物も少しというなかでも、書いたということ。

○　どんなメッセージが聞こえますか。絵を見ながら、ノートに書きましょう。
・ぼくたちは、自由がなくとてもつらい。でも、希望は失わないよ。いつかまた、楽しい日がやってくるんだから。
・私は、キャンプが楽しかったな。お母さんもやさしかったな。また、みんなと遊びたいなあ。
・戦争はやめてほしい。絶対に。みんな仲良く平和に暮らせる日が早く来てほしい。
これは全員に話してもらいましょう。その中から、平和でありたい、人間らしく生きたいという声が聞こえてきます。

**〈第10時〉**絵を見て、想像する、考える。
ねらい　残された絵のメッセージを読み取る

この第10時の展開例を二つの形で提案します。

**A案――絵に語りかける、呼びかけるようにして書く。**

教科書には四枚絵が載っています。これを、コピーして、それぞれ別々な紙に印刷します。その絵の下あるいは横に、絵に呼び掛ける言葉を書き込みます。書きたい絵を一つか二つ選んで書くことにします。

## 1　絵を選ぶ

○この四枚の中から、一番心に感じる絵を選んでください。
それを描いた人の名前を確認しましょう。絵に描いてあることを、よく見てください。

何が描かれているか、どう描いてあるか。それが描いた子の気持ちを表していますね。

周りの様子もよく見てください。

## 2　描いた子の名前を入れて、呼び掛けるように書く。

○選んだ絵の横か下に、あなたの言葉を書いてください。
書き方は必ず、話しかけるように書いてください。

必ず、描いた子の名前を書いて、話しかけてください。

「○○さん。あなたは、▼▼のことが忘れられない思い出なのですね。○○さん、この絵の中のあなたはうれしそうですね。ここに○○さんがいますね。××さんもいますね。この帽子はお母さんが買ってくれたのですか。わたしも、○○さん、あなたみたいに・・・」

こんな風に絵を描いた子の名前を二回か三回ぐらいは入れて、描かれていることを読み取るように書くといいでしょう。

＊なぜそうするか。
①フリードルは名前こそが人間として生きたあかしだと言っています。ですから描いた子の名前をくり返すことでわたしたちが実現するのです。メッセージを受け取ったということです。
②名前を呼ぶことで、親しさを感じるからです。そうすることで、相手の気持ちが読めてくるか

らです。

③このことを通して、他者を理解して行くことが可能になるからです。他者を理解することは相手の表現をなぞることから始まるのです。

## 3　発表会をする

書けたら、まず、全体で発表会（三、四人分）をします。その際、絵は板書用に拡大したものを貼っておきます。その絵の下で発表してもらいます。このことを通して実は絵が伝えたいメッセージを、受け止めて、話し合うことができるのです。絵に描かれた具体的な子どもたちの姿を読むことで、それらは壊してはいけないもの。失ってはいけないものだという感覚が育ちます。そしてそれをこわすもの＝戦争・暴力＝への、怒りや、否定する感情も生まれるでしょう。

後半は、グループで発表会をします。

終わってから、書いた呼びかけは、教室に掲示しておきます。

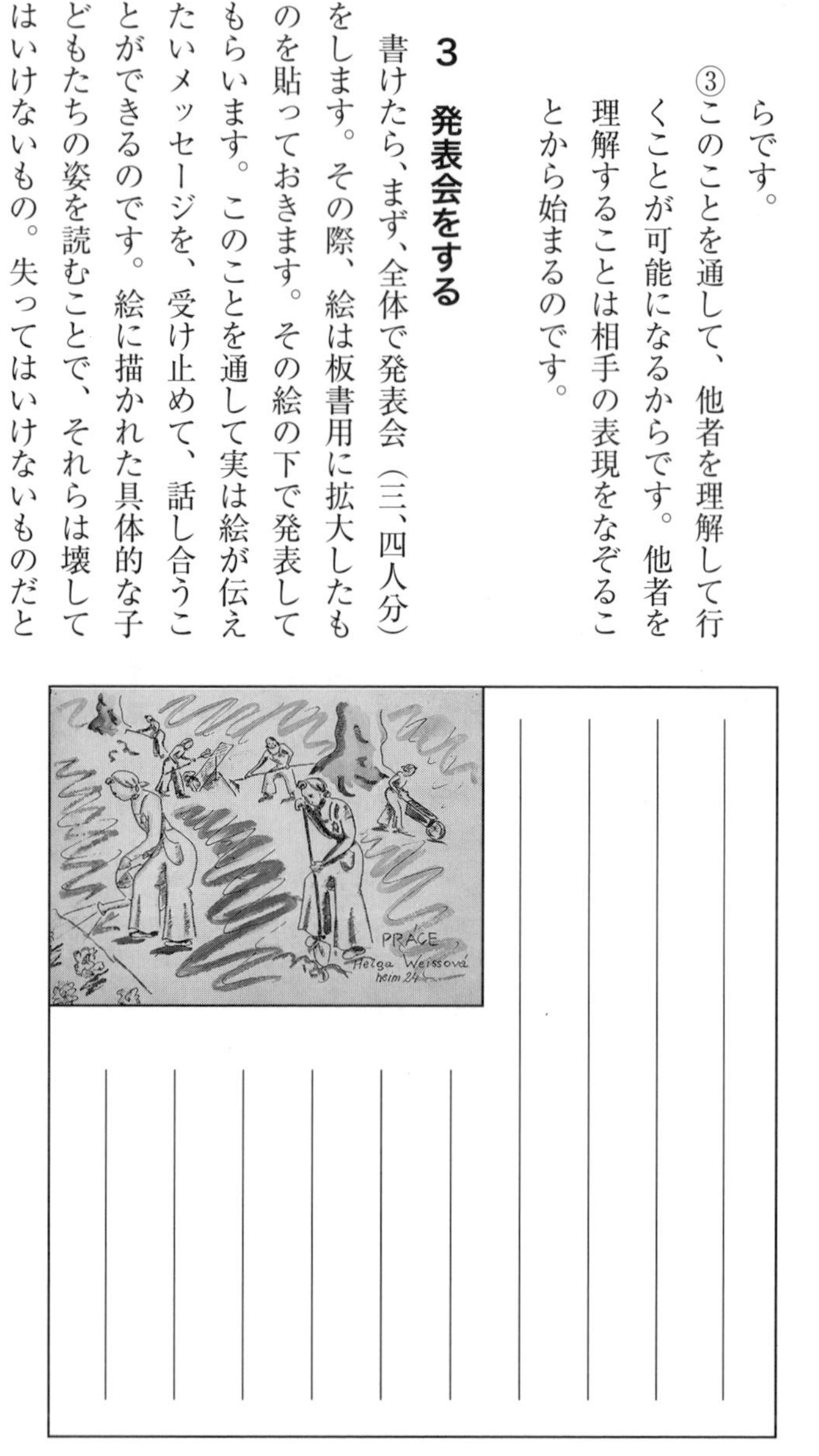


Aのカード（例）

**B案――脚本を書く**

脚本といっても、セリフだけにします。

○「四枚の絵を並べます。それを初めて見た、チェコの人々はどんな話をしたのでしょうか」

四人登場することにします。その四人は、若い人、男、女、年寄り、子どもなどを設定します。時は一九四五年夏とします。戦争が終わったばかりの時です。

「残されたの絵を見ての人々の話し合い」という仮題をつけます。ここでも描かれていることを良く見ること。何が描かれているか、だれが描かれているか、どう描かれているか。どんな気持ちで描いているか。

これらをもとにして、戦争がおわったばかりの、人々を想像して吹き出しに書きます。

人々の話として脚本に書くことで、読みが確かめられます。さらに、戦争についての考

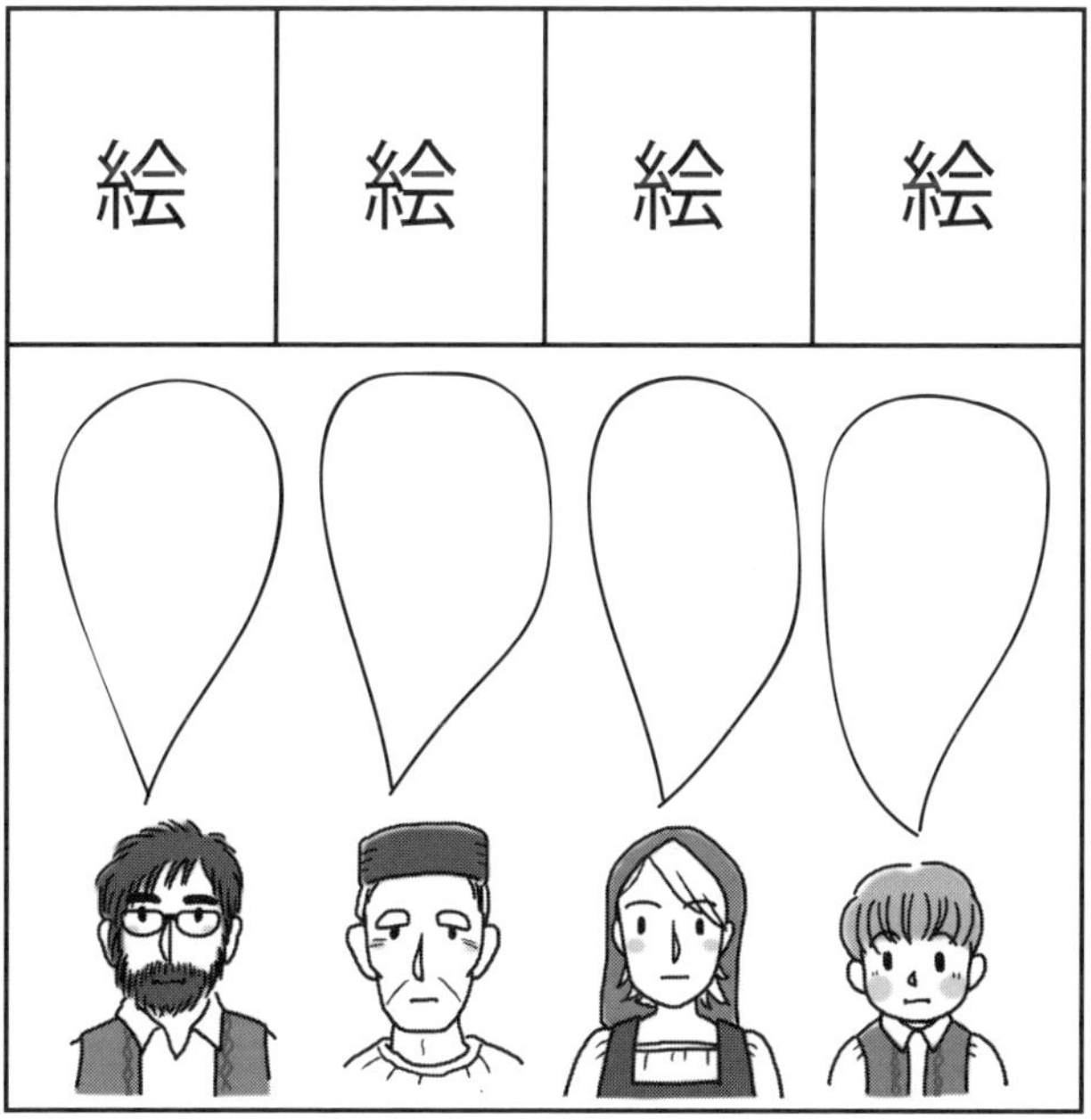

| 絵 | 絵 | 絵 | 絵 |
| --- | --- | --- | --- |

Bのカード（例）

えが具体的に展開できます。それは絵からのメッセージを読むこととつながっています。

書けたら発表会をします。最後に、仮題を題と変えます。題は、この絵から受け取ったメッセージ、人々の話し合いから浮かんできたメッセージとなるでしょう。やはり教室に掲示します。

被災地からのメッセージを受け止めて

# 「空を見上げて」山中勉

大山圭湖

## はじめに

一六年版光村一年の教科書に随筆「空を見上げて」がある。筆者の山中勉さん（国際宇宙ステーション「きぼう」を利用して、子どもたちに宇宙への関心をもってもらうとりくみをしている）が、東日本大震災から二ヵ月後に、女川の中学生たちに「地球人の一人として、遠い世界や宇宙に向けて、今の心を解き放してみては」と呼びかけ、中学生たちが応えたことを書いたものである。女川の中学生たちが書いた五、七、五の句は当時の新聞報道などで全国に知られ、連句のように七、七の句が女川に届けられた。

さらに、ＮＨＫラジオ国際放送で取り上げられると、世界各地からメッセージが返ってきたという。大震災当時、現在の中学校一年生たちは、まだ小学校一年生だった。自分たちの体験は、恐怖心とともに覚えているが、あの大震災で人々がどのように苦しみ、今なお福島では住民がばらばらにされている状況であることなど、きちんと学ぶ場がないままにきている。この教材から女川の当時の中学生たちの思いを読み取り、東日本大震災について改めて知ることが、目の前の子どもたちに必要なことだと思われた。

さらに、被災地の子どもたちの様子がうかがわれる文章を併せて読みたいと考えた。『世界』八二六号「東日本大震災・原発災害特集」の「被災の手記」の中から、釜石市の女性教員のものを選び、教材化してみた。被災当時、ばらばらの場所にいた一八四名の子どもたちが全員助かったことから、釜石の奇跡と言われた。そのときの小学生たちが実際にどのような行動をしたのか、何人かの子どものエピソードが簡潔に書かれていて、興味深い文章である。

子どもたちにとって、平和な社会とは、戦争や紛争がないことはもちろんであり、今、国のあり方を変えようという動きがあることからも、戦争の被害・加害を問う作品を読み、平和の大切さを知ることが大切である。それとともに、国内で起こった災害について考える学習を組み、被災地の思いを自分のこととしてとらえることも大切であると考える。

国語の授業で平和に関する教材文を通して真実を知ることとともに、平和を求めるための行動につなげる力をつけることが、子どもたちに必要であると考える。

# 一、教材について

## （一）空を見上げて（教科書教材）

女川は東日本大震災で大きな被害を受け、震災後に女川を訪れた筆者は、深い悲しみの中にいる中学生の姿を目にする。中学生たちは、同じ思いをしている周りの大人や友だちのなかでは、心を表現することにためらいを感じていたため、筆者は、遠い世界や宇宙に向けて、今の心を解き放つことを中学生たちに呼びかける。筆者が国際宇宙ステーションの「きぼう」という日本のステーションに関わるなかで、女川の中学生とは、以前からステーションに関わる仲間であったという。山中さんの呼びかけに応えて、次々に中学生たちは思いを紡いでいった。その中の次の四句が、教科書には紹介してある。

夢だけは　壊せなかった　大震災
逢いたくて　でも会えなくて　逢いたくて
みあげれば　がれきの上に　こいのぼり
戻ってこい　秋刀魚の背中に　のってこい

これを作った当時の中学生の思いを想像しながら、授業では話し合いをすすめた。
その後、全国から後に続く七、七が寄せられ、さらに世界中に思いは広がっていく。授業のなかでも、女川の句に続ける七、七を作り、女川の中学生の思いを知ろうと試みた。

## （二）星を目当てにまっすぐ生きる（自主教材）

『世界』八二六号より抜粋した文章「星を目当てにまっすぐ生きる」を教材化する。

筆者の加藤孔子さんは、岩手県釜石市立釜石小学校に勤務していた。三・一一当日は、校舎は無事であったものの、一八四名の子どもたちはばらばらの場所にいて、その安否を気遣いながら七〇〇名の避難者の受け入れをした。教職員たちは避難者対応の合間を縫って、子どもたちの安否確認をしていく。二日後に全員の無事を確認したとき、職員室に拍手が起こった。（一八四名というのは、ちょうど今年の大森第八中学校一年生の人数と同数である。授業で読んだとき、ばらばらの一八四名の安否確認を、教職員たちが二日間でやったということに、八中の生徒たちは命の重みを感じ取った。そして、自分たちの命もそのように大切なものなのだと受け止めた。）

安否確認を続けるなかで、子どもたちが津波からどのように避難したのかが浮き彫りになる。「ここは津波は大丈夫」という祖母を説得し、一緒に避難した三年生の子ども、小さなきょうだいや、障害がある友だちの手を引いて避難した多くの子どもたち。これらは、防災教育で学んだことをしっかりと覚え、子どもたち自身がその場で判断して行動に移す「心」が育まれていたからできたことだと、筆者は書いている。

釜石小学校校歌も文中に紹介されている。井上ひさしが作詞した校歌は、まさによりよく生きるために作られたものだ。以下、歌詞を引用させていただく。

釜石小学校校歌　　井上ひさし作詞

いきいき生きる　いきいき生きる
ひとりで立って　まっすぐ生きる
困ったときは　目をあげて
星をめあてに　まっすぐ生きる
(中略)
困ったときは　あわてずに
人間について　よく考える
考えたなら　はっきり話す
しっかりつかむ　しっかりつかむ
まことの知恵を　しっかりつかむ
困ったときは　手をだして
ともだちの手を　しっかりつかむ
手と手をつないで　しっかり生きる

この校歌は、釜石小学校の避難所で毎日流されたという。校歌を聞きながら子どもたちは、「一生懸命生きる。そのためにみんなで助け合ったんだ」と、歌詞をかみしめた。

この校歌についても、目の前の中学生たちと一緒に読み、考えてみた。

# 二、指導計画

## (一) めあて

① 女川の中学生の句から、被災した中学生の思いを想像する。
② 釜石小学校の児童の様子を書いた文章から、命を守ることの大切さを読み取る。

## (二) 授業の実際

### ①「空を見上げて」の授業(二時間あつかい)

最初に、読みたい生徒を指名し、音読する。次に、女川の場所を教科書や地図帳で確認し、主な産業や三・一一当時の被災の規模などについての簡単な資料を読み合わせる。その後、教科書の中学生が作った四つの句について話し合った。

次に、実際の授業での子どもたちの発言を書き出してみる。

大山　教科書の四つの句について、できるだけ具体的にイメージしたことを教科書に書き込んでください。ぱっと頭に浮かんだことでいいですよ。四つの句について、一句につき一つ以上。三分間で書いてください。

大山　では、最初の句「夢だけは　壊せなかった　大震災」から始めましょう。
（「・」は子どもの発言）
・大震災で、全部壊されてなくなっちゃった。
・家や大事にしていたもの、みんな。
・物だけじゃなくて、家族や友だちも津波で流された。
・そんななかでも、まだ夢をもっているんじゃないか。
・高校に行きたいとか、なりたいものがある。
・もしかすると、津波で行方不明になった人に会えるとか。
・女川が元通りになるのが夢。
・家や建物、モノだけじゃなくて、人も元通りになる夢。
大山　では、今まででた意見を、板書にまとめます。
大山　次は「逢いたくて　でも会えなくて　逢いたくて」についてはどうですか。
・最初と最後の「逢いたくて」と、真ん中の「会えなくて」がなぜ字がちがっているのかな。
・「逢いたくて」は心で思っていて、「会えなくて」は、現実には、会えないということだと思う。
・「逢いたくて」は、強い願いなんだ。
大山　どんな人に逢いたいの？
・やっぱり、津波で流されていっちゃった人だと思う。
・大事な家族のだれか。

・友だちや知り合いで死んでしまった人。
・会えないとわかっているんだけれども、諦められない。
・会えなくてさびしくてたまらない。
大山　では、これも簡単に板書します。

大山　三つ目、「みあげれば　がれきの上に　こいのぼり」にいきましょう。
・汚れちゃったこいのぼりを洗って、だれかが揚げている。
・がれきの上に、高く目立つように、棒を立ててこいのぼりを揚げた。
・私が思ったのは、がれきの上に立てたんじゃなくて、がれきの山の向こう側に立っているこいのぼりが、上を見上げたから見えた情景。
・あっ、そうか。つらいと下ばかり見ちゃうけど、見上げてがれきの向こうに見えたということか。
・ようやく上を見られた。
・見上げても、がれきが高く積まれていると、見るのもつらい。
・子どもの日がきていて、大人の誰かが、子どもたちを元気づけたくてこいのぼりを揚げたんじゃないか。
・見た人は、元気が出たと思う。

大山　いよいよ最後の句「戻ってこい　秋刀魚の背中に　のってこい」です。女川は漁業の町で、秋刀魚の水揚げ量が多かったということが、さっきの資料にありましたね。

・戻ってこいと、命令みたいに言っているのは、願いが強いんだと思う。
・津波で死んでしまったけれど、帰ってきてほしい人がいる。
・戻ってこいだから、死んでしまって死体が見つかった人じゃなくて、行方不明の家族かもしれない。
・どっちもだと思う。生きて戻ってほしい。
・秋刀魚はまた戻ってきたんだ。
・前と同じじゃなくても、やっぱり秋刀魚が来ている。
・死んでしまった人がいて、生きている秋刀魚がまた近くの海に来ていて…なんか、すごいなあと思う。

大山　では、これから配る紙に、女川のどの句の後でもいいので選んで書いた後、七、七と続けて書いてください。こうした句をつなげていく遊びは、昔から気持ちを伝え合うためにあったのです。みんなの作品は、また学年だよりに全員分載せますから、読みあいましょう。

**生徒の作品**（いくつかを紹介します）

夢だけは　壊せなかった　大震災（女川）
未来を信じて　夢をつらぬけ（八中生）

夢だけは　壊せなかった　大震災（女川）
助け合ってこそ　希望が見えた（八中生）

夢だけは　壊せなかった　大震災（女川）
逢いたくて　辛さを乗り越え　一歩踏み出せ（八中生）
逢いたくて　でも会えなくて　逢いたくて（女川）
みあげれば　でも泣きたくて　でも信じてる（八中生）
みあげれば　でも会えなくて　逢いたくて（女川）
　逢いたい気持ち　強くなってく（八中生）
みあげれば　がれきの上に　こいのぼり（女川）
　希望ののぼり　空をおよぐよ（八中生）
みあげれば　がれきの上に　こいのぼり（女川）
　とりもどすんだ　みんなの町を（八中生）
戻ってこい　秋刀魚の背中に　のってこい（女川）
　必ず戻る　そう信じてる（八中生）
戻ってこい　秋刀魚の背中に　のってこい（女川）
　大海原を　切るようにして（八中生）

この後、本文を最後まで読み、女川の中学生の句が世界中に広がった経緯を読み取った。

### ②「星を目当てにまっすぐ生きる」の授業（二時間あつかい）

Ｂ４サイズ裏表一枚分のプリントにして、次のような流れで授業をすすめた。

**授業の流れ**

○一人読み…一五分程度で最後まで、意見をプリントに書き込みながら読む。
○音読…音読したい生徒を指名し、音読する。あらかじめ、プリントには読み仮名をふっておいた。
　八分程度。
○話し合い…一時間目は表面を中心に二五分、二時間目は全範囲で三〇分。
　どこからでも発言できるように、行番号をふっておいた。友だちの発言を聞きながら、色ペンでメモもそのプリントに書き込む。発言したい生徒はあらかじめ指名しておくが、友達の発言を聞いていて、同じ場所で発言したい場合には、割り込んで発言することにしている。
○まとめ…二時間目の最後に、全文を振り返りながら、八分。
　今回は、特徴的な発言を書きだす程度の簡単な板書にとどめた。
○発展…釜石小学校の子どもたちが歌う校歌を、インターネットで探し、聞いた。

**授業記録**（——部は引用文）

　全部の範囲では無理ですので、発言が集中した数ヵ所についてだけ記録します。

——あの日、三月一一日金曜日午後二時四六分の巨大地震。そして、約三〇分後、三時二一分の大津波襲来。一瞬にして、子どもたちの家が根こそぎなくなった。残念なことに、多くの方がなくなり、多くの家や建物も流された。

・簡単に言っているが、すごいこと。

・大切なものがみんな流されてしまった。
・津波は、すごい勢いで押し寄せてきたことがわかる。
・強くて大きい津波だった。
・ものすごく残念だったと思う。
・地震に津波が追い打ちをかけた。

――「津波はここまで来ないから大丈夫」というばあちゃんに「ばあちゃんだめ。逃げなきゃだめ」と手を引いて逃げた三年生の子ども。地震直後に幼稚園の弟にジャンバーを着せて、「さあ、行くよ」と手を引っ張って避難場所に一緒に逃げた四年生の子ども。……

・家族への愛が感じられる。
・今やるべきことを知っている。
・しっかりしている。
・避難訓練や勉強が本当に身についている。
・経験のあるばあちゃんの言葉に逆らうなんて、すごい。
・三年生、四年生で、小さいのにすごい。
・冷静によくこんなに判断できるな。
・避難訓練で勉強したことを生かすことができて、どの子も助かった。
・それぞれの場所にいたのにすごいと思う。
・自分たちも、ちゃんと災害の勉強をしておきたい。

――釜石小学校の校歌について
・なんだか校歌に思えないような感じ。
・僕は、いい校歌だと思う。
・震災後、校歌の歌詞があてはまっているんで、みんなびっくりしたんじゃないか。
・すごくまじめに生きることを言っている歌詞だと思う。
・震災後、避難場所で流したというけれど、みんなすごく励まされたと思う。
・避難していた子どもたちは、自分も歌って、自分を元気づけていたと思う。
・大人にも希望を与えたと思う。
・生きることの大切さを繰り返し言っている。
・みんなと生きるためにはどうしたらいいかが、わかる歌詞。
・生きていくためには協力が必要だと言っていて、意味深いなと思った。

## ③「女川一中生の句　あの日から」の教材化

子どもたちは三・一一の際に小学校一年生であった。女川中学校の生徒たちの句を読み、話し合って、イメージを広げることができた。ここまでの授業で終わろうかまよったが、もう少し具体的な句の背景を、子どもたちに与えたいと考え、教材化できるものを探してみた。そこで、「女川一中生の句　あの日から」小野智美編（はとり文庫）の中から、「みあげれば　がれきの上に　こいのぼり」「戻ってこい　秋刀魚の背中に　のってこい」「逢いたくて　でも会えなくて　逢いたくて」の三つの句について、具体的に中学生がどのような体験をし、その思いを句に込めたのかという、句の背景が浮かび上がるような文章を読んだ。

その後に、子どもたちは次のような二〇〇字程度の感想を書いた。

○「見上げれば　ガレキの上に　こいのぼり」、この句を詠んだ原泉美さんが、句をつくるときに「復興」ということばが浮かんだけれど、「復興」は自分のことばではないと考えたのがなんでなのかと、気になりました。でも、プリントを読んで、原さんは自宅が流され、ガレキしかない町中でも、人々の暮らしの記憶が詰まっていると感じたとあって、悲しくなりました。原さんにとっては、「復興」という言葉は、「上を向いて生きよう」という言葉なんだと思うことができました。「見上げれば　ガレキの上にこいのぼり」という句は、原さんの考える「復興」という気持ちがこもった句なんだなぁと思いました。

○僕がいいと思った女川の句は、阿部碧仁さんが作った、「戻ってこい　秋刀魚の背中に　のってこい」です。なぜかというと、同じバスケットボールの選抜チームで出会い、ともに練習に励み、試合に臨んだ、大切な友達を津波でうしなった時に書かれた句だからです。僕にも、友人を亡くしたくないという気持ちがすごく強く伝わってきました。女川の漁師さんたちの生活の支えだった、秋刀魚の背中にのってこいという言葉も、すごいと感じました。阿部碧仁さんには、これからもバスケを続けてほしいと思いました。

○「逢いたくて　でも会えなくて　逢いたくて」で、佐藤あかりさんのお母さんは、津波で行方不明になってしまった。あかりさんは母がもしも見つかり、亡くなっていたら、母が亡くなったことを受け入れなくてはいけない、それが嫌なあかりさんは、「見つかってほしくない」と言っていた。私は、あかりさんの気持ちが、少しだけわかる気がした。大切な人が亡くなったら、私だって受け入れたくない。あかりさんは、その悲しみを乗り越えてきて、すごいと思った。

○「逢いたくて　でも会えなくて　逢いたくて」、この句のエピソードを読んで、すごくつらい気持ちになった。僕は、このとき小学校一年生で、地震がなにか、まだよくわからなかった。家の近くでは被害も出ていなくて、地震が怖いものだと思っていなかった。ニュースで、被災地や原発事故のことが連日放送されても、別に大事だとは思わなかった。でも、今は地震や津波が多くのものを奪ったということがわかる。この句を書いた佐藤あかりさんは、本当につらい一五ヵ月だったんだと思った。もし僕が震災当時のあの時に行けるなら、行って、この人を励ましたい。

○　僕は、地震などの災害で大きな被害を受けたことがありません。なので、女川の人たちや、被災地の方々の句を読んだときは、かわいそうだなーとまるで、他人事のように思っていました。しかし、被災したさまざまな人たちの声を、プリントで読み、だんだん心が入り込み、自分がそうなったらや、自分の身内がそうなってしまったらと、自分に照らし合わせたりして、女川の人々の気持ちがわかってきました。

## 三、授業を終えて

教科書の教材文だけでは、子どもたちには、被災した中学生の思いを、わがことのように受け止めることは、難しいと感じ、二種類の資料を足した。

子どもたちは、被災の本質を学ぶために、まだまだ多くの学びが必要だと思う。ばらばらになったコミュニティーを取り戻すために、行政はどのように在らねばならないのか、福島原発事故の背景には、どのようなことがあるのか、現状はどのようになっているのか、被災者が望むような復興対策がとられているのか、私自身も学び、考え、行動しなければならないことは膨大にある。子どもたちと共に学んでいきたい。

二年生、三年生と学びを重ねることで、この子どもたちが平和な社会を求めて、どのように発言し、行動できるようになっていくのか、期待を抱くとともに責任も感じている。

（実践執筆　二〇一六年）

戦争で無残に傷む子どものいのち

# 「夏の葬列」　山川　方夫

## 終結部の読みの授業

（教育出版　中学校　二年）

小林義明

### 一、作品について

「夏の葬列」は、『ヒチコック・マガジン』（一九六二・八月号）に掲載された。山川方夫（やまかわまさお）は、一九三〇年（昭和五年）東京都に生まれ、一九六五年（昭和四〇年）、三五歳の若さで亡くなった。神奈川県二宮町に住んで敗戦を迎え、二宮町駅前で交通事故に遭った。一九五〇年ごろから作家活動に入り、芥川賞・直木賞候補に挙がったが、受賞はしていない。

作品の中に地名は出てこないが、おそらく二宮町が舞台にになっていると思われる。「海岸の小さな町の駅」、「なだらかな小丘」、「東京には、明日までに帰ればよかった。二、三時間は十分にぶらぶらできる時間がある」、「この町に疎開して住んでいたことがある」などと書かれており、それに彼自身の経歴を重ね合わせてみると、ほぼ間違いなさそうである。二宮の町を歩いてみると、今でも「正面の丘の陰から」アメリカ軍の艦載機が突然「おおきな石が飛び出した」ように襲ってくる情景が眼に浮かんでくるようである。

## 【あらすじ】

物語は、ミスティリアスに構成されている。

戦争末期、彼は疎開児童としてこの町に三ヵ月ほど住んだことがある。ある日、ヒロ子さんと海岸で遊んだ帰り道で、一つの葬列に出会った。そのとき、突然艦載機の銃撃を受けた。白いワンピースを着ていたヒロ子さんが彼をかばって一緒に逃げようとした。しかし、白い服は標的になりやすい。彼は、一緒に行くのは嫌だと言って、ヒロ子さんを突き飛ばしてしまう。その直後、ヒロ子さんは銃弾を浴びて重傷を負った。

今は、大学を出て一人前のサラリーマンとなった彼は、出張帰りに久しぶりにこの町を訪れた。芋畑の道を歩いていると、質素な葬列に出会った。棺の上の写真を見ると、それは三〇歳近くなったヒロ子さんだった。彼は、艦載機の銃撃を受けたとき、ヒロ子さんを突き飛ばして死に追いやったことを自分の責任と感じてきた。しかし、ヒロ子さんは助かっていた。彼は「おれは全くの無罪なのだ」と、救われた思いがした。

ところが、周りにいた子どもたちに聞いてみると、この人は一人きりの娘がこの畑で銃撃されて死んだために、気が違って自殺したのだと言う。写真の女の人は、ヒロ子さんの母親であることは間違いなかった。やがて、彼はゆっくりと駅の方角に足を向け、アーケードの下の道を歩きながら、もはや逃げ場所はないのだという痛みを胸に生きていこうと決意した。

## 二、作品の構成

「夏の葬列」は、一行空きによって五つの部分に分かれている。しかし、その分かれ方がそのまま作品の構成になっているわけではない。最後の一行空きは、クライマックスの後にある。一行空けることによって、事件が逆転していく意外性、事実が語る重さ、その重さに衝撃を受ける彼の内面が表現されている。一行空けて、葬列が松の木の丘へ登り始める場面が続く。ヒロ子さんとその母を死に追いやった彼の内面の傷は永遠に続くことを思い知らされる。ここが物語の結末である。

「やがて、…」から終結部が始まる。彼はこの事実を受け入れ、「確実な足どりで」駅への道を歩いていくのである。

しかし、この作品構成の難点は、結末の部分で「全く、なんという偶然の皮肉だろう」と彼に言わせているが、にもかかわらず、どんでん返しの事件の偶然性がリアリティーを欠いているところにある。展開部にある「彼は彼女のその後を聞かずにこの町を去った。あの翌日、戦争は終わったのだった」との整合性を意識しての構成だろうが、二重に偶然性が重なりすぎている。

だが、エピソードの描写や戦争の被害者でありながら、同時にヒロ子さんを死に追いやった加害者としての罪の意識を持ちつつ生きていくというテーマ性は、平和教材としての捨てがたい魅力を持った作品であると言えよう。読書教材から再び授業教材に復活したいわれもその辺にあるのではないだろうか。

作品の構成は、次のようになっている。

導入部
○冒頭　海岸の小さな町の駅におりて、…
○発端　なだらかな小丘のすそ…

展開部
エピソード
※エピソードのクライマックス
「嫌だったら！　ヒロコ子さんとなんて一緒に行くの嫌だよ…」
夢中で、彼は全身の力でヒロ子さんを突き飛ばした。…向こうへ行け…」
○山場の始まり　芋の葉を、…

◎クライマックス
「だってさ、あのおばさん、なにしろ戦争でね、一人きりの女の子がこの畑で機銃で撃たれて死んじゃってね、それからずっと気が違っちゃってたんだもんさ。」

山場の部
○結末　…なんという偶然の皮肉だろう。

終結部
○終わり　…彼の足どりをひどく確実なものにしていた。

## 三、作品のテーマ

戦争末期、艦載機の銃撃を受けたとき、標的になりやすい白いワンピースを着たヒロ子さんを突き飛ばして死に追いやった加害者として、罪の意識を背負いつつ生きていこうと決意する「彼」の生き方がテーマになっている。

罪の意識を避けることなく、事実を受け入れたとき、新しい世界が開ける。

エピソードで語られた戦争の悲劇は後景に退き、主人公の内面の変化が作品のテーマとして立ち現れる。

## 四、授業計画（一〇時間）

| 授業内容 | 時間 | 留意点 |
|---|---|---|
| 本文を読む（範読）・語句調べ | 1 | 語句（課題） |
| 構造よみ | 1 | |
| 導入部の形象よみ | 1 | |
| 展開部の形象よみ | 2 | エピソードを中心に読む |

山場の部の形象よみ　２　クライマックスを中心に読む
終結部の形象よみ　１　●本時
まとめ・批評文を書く　１
批評文を読みあう　１

## 五、読みの重点

本文の読みの授業の重点は、次の三点になる。

①　エピソードの読み
②　クライマックスの読み
③　終結部の読み

①と②については、拙著『「夏の葬列」の読み方指導』（明治図書・一九九三年・九月）を参照していただきたい。

ここでは③の実践的に不十分だった点を改め、終結部の読みについて提示する。

## 六、終結部の授業展開

教材（終結部）

やがて、彼はゆっくりと駅の方角に足を向けた。風が騒ぎ、芋の葉のにおいがする。よく晴れた空が青く、太陽は相変わらずまぶしかった。海の音が耳にもどってくる。汽車が、単調な車輪の響きをたて、線路を走っていく。彼は、ふと、今とは違う時間、たぶん未来の中の別な夏に、自分はまた今と同じ風景をながめ、今と同じ音を聞くのだろうという気がした。そして時を隔て、おれはきっと自分の中の夏の幾つかの瞬間を、一つの痛みとしてよみがえらすのだろう……。

思いながら、彼はアーケードの下の道を歩いていた。もはや逃げ場所はないのだという意識が、彼の足どりをひどく確実なものにしていた。

**【読みのポイント】**

終結部の読みの問題として押さえるポイントは次の三点である。

①情景描写の象徴性

②表層の読み――「彼は、ふと、…」以下の意味が分かりにくいので、どういうことを表現しているかを明確に読みとる。

③最後の一文から、作品のテーマを読みとる。

クライマックスから読みとれるテーマとあわせて作品のメッセージを明確にする。

作品のテーマは、クライマックスに収斂される山場の部と結末に流れる形象を読み重ねながら、終結部を読むことによって達成される。

戦争末期、自分が助かりたいがためにヒロ子さんを突き飛ばし、ヒロ子さんは艦載機の銃撃を受けて重傷を負ってしまった。それから一〇数年経って、この事件の記憶を「自分の現在から追放」しようとこの町を訪れたのに、皮肉にも、ヒロ子さんとその母親が死んだことを知ることになってしまった。彼はこの二重の罪の意識が「永遠に続くほかない」と自覚する、というのが事件の流れである。この流れを押さえた上で終結部の授業に入る。一時間の授業である。

**【ねらい】** 終結部の読みから作品のテーマを読む

**【授業計画】**

導入　前時の復習

クライマックスと結末から読み取ったテーマを確認する。

展開　終結部の形象を読む。

・文番号を打つ。

・教師が範読し、読むべき箇所に線引きする。

＊⑦文「もはや逃げ場所はないのだという意識が、彼の足どりをひどく確実なものにしていた。」

a 「ひどく確実なものにしていた」を別の言葉に置き換えて、形象の差異を読み取る。

b　終結部の他の形象とのかかわりを読みとり、終結部のテーマを明らかにする。
c　クライマックスと結末から読み取れる形象とのかかわりから作品のテーマに迫る。
まとめ　テーマの読みとりにかかわって出された多様な意見を確認し、
次時の批評文作成の準備に入る。

## 七、終結部の読みの授業（本時）のシミュレーション

○　今日の授業は？　（Tは教師、Pは生徒）
P　（板書を見て一斉に）　終結部の形象よみ
○　では、前の授業の復習をします。ノートにまとめたクライマックスと結末から読み取ったことを、
A君、読んでください。（個人指名）
A　戦争末期、自分が助かりたいがためにヒロ子さんを突き飛ばし、ヒロ子さんは艦載機の銃撃を受けて重傷を負ってしまった。それから一〇数年経って、この事件の記憶を「自分の現在から追放」しようとこの町を訪れたのに、皮肉にも、ヒロ子さんとその母親が死んだことを知ることになってしまった。彼はこの二重の罪の意識が「永遠に続くほかない」と自覚する。
○　とてもよくまとまっていますね。
まず、終結部に文番号を打ちましょう。
○　何文ありましたか。そう、七文ですね。

私が終結部を読みます。どの文に注意して読むか、文番号に、一箇所しるしを付けなさい。

（範読）

○　今度は、自分で黙読して、どんなことが読めるか、自分の意見を書き込んでください。ノートにメモしておくといいですね。（書き込み）

○　ハイ、しるしを付けたところを出してください。

P　⑦文「もはや逃げ場所はないのだという意識が、彼の足どりをひどく確実なものにしていた。」

○　⑦文にしるしを付けた人は？　ああ、多いですね。他を選んだ人。

P　⑤文「彼は、ふと、～一つの痛みとしてよみがえらすのだろう…。」この文は、意味がよくわかりません。

（他にも、いろいろ出されるかもしれない。）

○　では、意見の多かった⑦文から。

P①　足どりが「確実なもの」になったのだから、決意が固くなったと読みました。

P②　そうなんだけど、「逃げ場所はないのだという意識が～足どりを確実にした。」と書かれているから、紛らわしい。

○　とすると、どんなことが読める？

主語は、「足どり」じゃなくて、「意識が」なんだから。

P③　なんか受身のような気がします。もう逃げ場所がないから、しょうがないというような…。

P④　反対です。逃げ場所がなくなったのだから、いさぎよく自分の運命を受け入れて、これからの人生をしっかりと生きていこう、とも読めるんじゃないですか。

P⑤ 付け加えます。「足どり」には、「歩き方、歩く様子」という意味だけでなく、「その人の歩む道、人生、歴史」という意味もあるから、P④の意見に賛成です。

P⑥ 前のほうを見ると、青い空、まぶしい太陽、海の音が耳にもどってきたと書かれているから、「彼」の意識は決して暗くない、この情景のように明るいものだと思います。「確実な足どり」は、やはり、積極的なものに向かう足どりだと思います。

P⑦ 前のほうには、「そして時を隔て、おれはきっと自分の中の夏の幾つかの瞬間を、一つの痛みとしてよみがえらすのだろう……。」とあるから、心の痛みは残っている。無条件で明るいわけではない。

P⑧ 結末の部分にも、ヒロ子さんとその母親の死は、「自分のなかで永遠に続く」と書かれている。心の痛みを背負いつつ生きていく、と読めるんだと思います。

P⑨ 別の意見です。「彼の足どりをひどく確実なものにしていた」という終わりの部分が気になります。「ひどく」の代わりに「ひじょうに」を入れると、「しっかりした足どり」という意味になって、彼の固い決意が読み取れます。なのになぜ、「ひどく」を使ったんでしょうか。「ひどい」は、「ひどい地震だった」とか、「ひどく落ち込む」というように、否定的に使われることが多いと思うんです。「ピアノがひどく上手だ」とは言わないと思います。

P 同じ意見です。「ひどく確実なものにしていた」というのは変な書き方です。わざわざ「ひどく」を選んだとすると、簡単に「ひじょうに、とても」に置き換えられないと思います。

P 複雑なんだよ、この人は…。

P そうだと思います。覚悟を決めて、これからは明るく生きていくというんじゃなくて、罪の意識を背負いながらそれを受け入れ、これからの人生を生きていくというのだから、明るいとか暗いとかと簡単に割り切って読むことはできない。「ひどく」と書かれているのは、彼の複雑な思いを表現したものだと思います。

○　いろいろな読み方が出されました。とてもいい話し合いでした。どちらの意見にしても、ヒロ子さんとその母親を死に追いやった加害者として、罪の意識を背負いつつ生きていこうと決意する「彼」の生き方がテーマになっているという点は確認できますね。

○　次の時間に、この作品の批評文を書きます。四〇〇字（原稿用紙一枚）程度です。自由に思ったことを書いてください。では、授業を終わります。

（執筆　二〇〇八年）

ヒバクシャの「伝言」が「今」甦る

# 壁に残された伝言

井上恭介

（三省堂　中学校　二年　〇六版）

平野勝史

## 一、教科書教材について

この教材（以下　教材）は、井上恭介著「ヒロシマ―壁に残された伝言」（集英社新書二〇〇三・七・二二刊――以下　原典）の全九章のうち「序章」を書き改めたものです。なお教材中の写真・図版は原典全体から七葉が選ばれています。

著者がディレクターとして制作に関わった次の二番組をもとに書き下ろした、ということです。

・ＮＨＫスペシャル「オ願ヒ　お知らせクダサイ〜ヒロシマ・あの日の伝言〜」二〇〇〇・八・六放送

・ハイビジョンスペシャル「オ願ヒ　オ知ラセクダサイ〜『被爆の伝言』〜」二〇〇一・八・四放送

教材は、原典の「序章」をページにして約半分強に短縮しています。書き出しの部分と他番組の体験を省略したからです。省略したことによる不自然さ・齟齬・わかりにくさといったことは感じられません。

**構成と内容**

四つの章で構成され、章の間は一行開けで示されています。この構成はほとんど原典のままですが、原典でついていた小見出しは、省かれています。

**第一章**

「伝言」が発見されたいきさつと、文字が白黒反転して現れた理由について問題提起しています。

一九九九年春、広島市中心部の袋町小学校で壁の下から文字らしきものが現れた。これが「被爆の伝言」の発見のきっかけだった。壁がはがれなかったら、校舎が取り壊されていたら、など「伝言」はいくつかの偶然が重なって奇跡的に発見されるに至った。
そして、白チョークで書かれたはずの「伝言」が黒く反転して現れたのはなぜか、という問題を提起する。

**第二章**

原爆投下直後「伝言」が書かれた事情から、その文字が保存され反転して現れるまでのメカニズムが説明されています。

原爆投下直後、袋町国民学校の建物はかろうじて焼け残り、臨時救護所になった。大勢の重傷者が運び込まれ、行方知らずの人を探す人も多く訪れたに違いない。コンクリートの壁は授業再開のための補修の時まで残り、チョークが固まるのに十分な時間があった。補修の際チョークは完全に削ぎ落とされなかったので、その下の煤が保護されることになった。五〇年後壁が剥がれ落ちた時、チョークも壁にくっついて落ち、黒い煤の文字が現れた。
ここに第1章の答えが示されています。

**第三章**
「伝言」の反響と再調査が行われたこと、その結果と大きな反響の理由を述べています。
「伝言」が報道されると大きな反響があった。報道がきっかけになって校舎の一部保存と再調査が決定された。新たに発見された伝言の数は多くはないが、大きな成果といえる。
注目され大きな反響があったのは、被爆建物も少なくなり被爆体験の風化が叫ばれた二〇世紀の終わりだからだろう。

**第四章**
「伝言」は現代の私たちに被爆者や被爆の現実を伝えてくれる遺産であり、証人であると締めくくっています。
著者自身被爆の惨状を知らない。「伝言」についても貴重な価値のあるものとはわかっていても、判読は困難を極め、書いた人の所在も事情も分からない。しかし「伝言」の関係者は難なく読み取り、当時の状況を理解した。「伝言」の「あの日」は直接関係のない人々にも伝わっていき、それは今も続いている。

## 二、授業にあたって

教材の半分以上が「伝言」の発見と、文字が白黒反転したメカニズムの説明に当てられています。読者が、「謎解きの面白さ」や「不思議な結末」など興味深く読むことができるところです。この二点が解決されると、読者には「伝言」に込められたヒバクシャの想いや著者たちTVクルーにはわからない「伝言」が家族にたやすく読み取れたのはなぜか、など新たな疑問がわいてくるのは、自然のことと思われます。

教材文では後半二割弱で「伝言」が大きな反響を呼んだことに触れ、他の部分で「伝言」の持つ意味とその力といった事柄に触れていますが、読者の疑問に応えるに十分とはいえません。こうした点は教材が原典の「序章」であることからきています。「序章」では、この原典全体の主題からすれば、まず初めに「伝言」について詳しく説明しなければなりません。また被爆の状況や被害者の行動などは、取材を通じて次第に明らかになったことであり、その詳細な過程が原典の第一章以降に述べられています。「序章」では後に詳述する内容については簡単に触れるだけにとどめたり、具体的には述べないことがらも多いはずです。

この教材部分では、「伝言」が白黒反転して現れたメカニズムとその発見が大きな反響を引き起こしたことなどを読み取ることができるでしょう。その一方、戦後生まれの著者の「被爆の実態」の把握は、当然ながら「それが本当にあの日の広島なのか、とうてい自信は持てなかった」とあるだけで、具体的には述べられてはいません。さらに「伝言」の影響の重さ・大きさについても、ここでは情緒的で概括的なまとめにとどまっています。

この教材だけで授業を組み立てるのは、何について・どんな認識を深めるのか、など理解を深めるに十分とはいえないと感じました。そこで、授業にあたっては、この教材が原典の「序章」としての位置づけであることを生かし、教材で触れられている事柄について詳しく述べている部分を原典中から抜き出して補足し、一体として読む授業を試みました。

教材の内容を吟味したり、読み深めたりするために次のエピソード部分を選び採りました。

エピソードA　として　　　　（ＡＢ　ａ～ｆの記号は筆者）

「『（判読委員会がようやく読みとった字を）いとも簡単に読んだ』遺族」について

原典「第二章　幻の姉に出会えた」から

ａ「家族がいる」

ｂ「主人を見直した」

ｃ「お姉さんに会えた」

ｄ「家族の思いを届けた伝言」

同「第六章　伝言との対面」から

ｅ「文字をなぞる指先から伝わってくるもの」

ｆ「読めない文字が読めた」

ａｂｃｄは第二章、ｅｆは第六章と二つの章に分かれていますが、ここでは通して一つの教材として扱います。
なお、続き具合を考えて、ａの初めの一三行、ｅの三〜一三行目までと、一四行目の「一方」の語を省略します。

エピソードＢ　として
教材第四章の冒頭の部分に関連して、
原典「第五章　親と子」の「母の姿、父の遺志がみえる」
当時の救護所の惨状と家族の行動、その後の苦しみ、子どもに託した平和への願いが語られています。
教材文を導入部とし、原典中の関連するエピソードを読むことで、被爆直後の人々の行動や人物像、家族や平和への思いを読み取り、被爆という苛烈を極めた状況の下での人間存在についてなどを読み取ることができるでしょう。

それぞれのエピソードの概略を述べておきます。
エピソードＡ
「西京節子」について情報が寄せられ、節子の叔母と妹から話が聞けた。伝言は叔父（叔母の夫）が書いたものだった。字を書くのが好きでなかった叔父が書いたという事実とその文言に叔母は感動し、家族の人間的な素晴らしさに涙した。
節子の母はようやく傷が癒えた二ヵ月後から探し回った。伝言は見ていたが、役に立たなかった。

「判読委員会」が画像処理して出てきたのは「京」の字だった。壁の字を見た遺族は写真になかった「西」の字を最初に見つけた。戦後生まれで姉を直接知らず、被爆体験を共有していない妹が画像処理でやっと読みとれた字を難なく読んでいった。家族だから可能だったのだろう。

エピソードB

被爆者がひしめいた教室の柱。床から数一〇センチのところから〈患者　村上〉の四文字が出現した。長女の啓子さんが名乗り出た。当時八歳で被爆体験を理解し記憶することはできなかったが、母の姿を鮮明に覚えているのは父親の手記に詳しく記されているからだった。

啓子さんは、知る人が見ても誰とも分からないほどに変わり果てた母親自身が自分の存在を知らしめるために〈患者　村上〉と書いたと考えた。啓子さんは伝言を前にして両親を思い、泣き崩れた。

母と妹が崩れた家の下敷きになった。母は片目が飛び出すほどの重傷を負った。市役所勤務の父は昼は市内を飛び回り、夜は母の看護で過ごした。父は二年後の第一回平和祭の平和宣言の草稿作成の中心になった。GHQ統治下、投獄覚悟、生命の保証もない状況での作業だった。その後「三児に遺す」と題する手記を書いた。

公務のかたわらにする療養・看護は言語に絶した苦痛の毎日だった。悲惨な体験にうちひしがれた私たちは骨の髄から戦争を憎み平和を探し求めている。世紀最悪の過ちの被害者となった罪なき子どもたちは、幼児期の不幸な体験を忘れず、争いを憎み、平和を愛する人として成長してほしい。

父親の「遺書」を読んで育ち、被爆体験を語り継いできた啓子さんも六〇歳を越した。突然現れた四文字からどんなメッセージを受け取ったのだろうか。

## 三、全体の指導目標

①「伝言」がきっかけとなって明らかになった被爆直後の人々の家族への想いと行動の意味を読む
②A　家族として体験や感情を共有していることで「伝言」が簡単に読み取れた事実の重みを読む
　B　その事実の重みが現代の読み手に理解されることを読む
③　被爆者とその家族の平和への願いと行動を読む

## 四、指導計画〈全八時間〉

第1時
①教材第1章を読む
「伝言」が発見された経緯と白黒反転の問題提起
②教材第2章を読む
・原爆投下直後の袋町国民学校の状況

・「伝言」の文字が白黒反転したメカニズムの解明

第2時

③教材第3章を読む

・「伝言」発見の大きな反響とその理由

・家族や知人のみならず多くの人々にとって「伝言」の持つ意味

④教材第4章を読む

・被爆の状況を想像できない著者の困惑

・「伝言」をめぐってわいてくる疑問と、家族の反応への驚き

第3・4時

⑤エピソードAを読む

・「伝言」を遺した叔父の行動の意味　その行為に感動する家族

・判読の過程

・「伝言」を前にした家族の想い

第5・6時

⑥エピソードBを読む

・救護所の実態と被爆の状況

・手記に込められた子どもたちに託す願い

第7・8時

・以上の学習を終えた時点での感想文を書く

・感想文の読み合いと意見の交流

## 五、留意点

①家族愛を中心とする内容になっているので、情緒的な読みにならないよう、戦時下の家族の状況を具体的に読み取らせたい。

②「床から数一〇センチ」という表現から、
・ベッドでなく床に横たえられていた
・〈患者　村上〉と書いて自分の存在を知らせようとしたと考えられる。自分の変わり果てた姿を認識していたからだろう。
など表現に注意して読みを広げたり深めたりしたい。

③「伝言」を前にして、被爆者・家族と現代の我々との間にある事実の重みの違いに気づかせたい。

④やや誇大な表現、思わせぶりな言い回しやもったいぶった表現が目につく。ＴＶディレクターという立場や次々と明らかになる事実の重みに対する気負いがあるのかもしれない。

（執筆　二〇〇七年）

今の世の中や自分について考えながら読む

# 「挨拶――原爆の写真によせて」　石垣りん

（学校図書　二年・光村図書　三年）

福田実枝子

## 一、教師の読み

（第一連）

「あ、」という驚きの声から、この詩は始まっている。何に対する驚きであるのか、先に興味を抱かせる書き出しである。「一二五万の焼けただれのひとつ」とある。広島の原爆による死者数は現在でも正確にはつかめておらず、一九四五年末までの死者数が広島では一四万人と推計されている。二五万というのは、この詩が書かれた当時推定されていた原爆死者数なのであろうか。また「ひとつ」という表現からは、被爆して死んでいった人々が人間らしい死を与えられなかったこと、人間とは思えないような有様になってしまっていることも想像できる。

（第二連）

「すでに此の世にないものー」というたった一行の連である。第一連の二五万が死者を表していることがわかる。また、突き放した言い方と、この連が一行で構成されていることから、「すでに此の世にない」ということが強調されている。

（第三連）

「とはいえ」は第一連、第二連をうけている。一九四五年八月六日に二五万もの人が非常にむごい死に方をさせられたとはいうもののという意味になる。

「友」とは、狭くは会社の同僚、広くはこの詩を読むすべての人々を表していると考える。一九五二年当時大半の人々は、自分自身も戦争の犠牲者・体験者であり、また広島に落とされた新型爆弾のニュースを聞いて憤りを抱いた者であろうに、そんなことは記憶に残っていないかのような顔をしているというのである。一九五二年と言えば、戦争の惨禍からやっと立ち直り、新たな希望を抱けるようになったころかもしれない。そんな人々に対して、作者は復興の兆しを喜ぶのではなくて、「もう一度見直そう」と何らかの警告を発するのである。

（第四連）

作者は、「その顔の中に明日の表情をさがす」ときに「りつぜん」とするというのだ。明日は、焼け爛れているかもしれない、死んでいるかもしれないと考えるからだ。

（第五連）

一九五二年当時、アメリカ、ロシア、イギリスの三ヵ国しか原子爆弾を保有していなかったのであるが、ここでは「地球が原爆を数百個所持して」と擬人法で表している。しかし、その原子爆弾が地球全体を崩壊し、生命の住めない場所にしてしまう危機的な状況にあると、作者は認識していたのであろう。戦後七年目ではあるが、やっと平和にと思ったのも束の間、朝鮮戦争が勃発していたのも、作者に危機感を感じさせたのであろう。

（第六連）

「何か」というのは核戦争だと考える。核兵器が使われるのは戦争だから、戦争と考えてもよい。「見きわめなければならないものは目の前に／えり分けなければならないものは／手の中にある」。核戦争になる可能性があるか否かは私たち自身が見きわめ、自分たちでそうならないように選択していかなければならないというのである。「午前八時一五分は／毎朝やってくる」「午前八時一五分」は象徴的に「原爆の落ちる可能性」を表しているのである。したがって、第六連では、原爆の落ちる可能性は毎日のようにあるのだから、自分たちはどうすべきかということを訴えている。

（第七連）

ここでは、「二五万人の人すべて」と第二連で「もの」扱いしていた原爆の犠牲者を私たちと同じような人間であったと表現している。そして、犠牲者は、まさか原子爆弾が落とされ、自分が死ぬようなことはあるまいと油断していたというのである。それは今を生きる私たちも同じである。ここで作者は自分自身も油断していたことを認めている。

第一連で「あ、」と言っていたのは、そのことに作者自身が気づいたからではないか。

## 二、目標

1. 広島に原爆が落とされた当時の状況をイメージしながら、言葉を丁寧に読み取る。
2. 戦争が起こり核兵器が使われる可能性は今もあるという、詩に込められた作者のメッセージを読み取る。

## 三、授業の流れ

第一時
・DVD『ぼくの家はここにあった』(朝日新聞出版)を見る。
第二時
1. 題名よみ(「挨拶―原爆の写真によせて」という題名を黒板に書き、それからイメージしたことや考えたことを話し合う。)
題名読みの後、「挨拶」の詩全文を印刷したプリントを配った。
2. 第一連・第二連を読む
第三時
第三連〜第五連を読む
第四時

1. 第六蓮・第七連を読む
2. 「挨拶」という題名や最初の言葉「あ、」について改めて考えてみる。

第五時
鑑賞批評文を書く。

毎時間の授業は、プリントに書き込みをし、書き込みをもとに話し合うという方法で進めていった。詩の言葉だけを手掛かりに読み進められたらと考えていた。しかし、最初に授業をしたクラスで、「原爆なのに、なぜヒロシマだけしか書いていないのか」という子どもからの疑問が挙がり、詩だけで理解することは難しいと思った。それで、次のクラスからは、第一時に、『アサヒグラフに見る昭和の世相⑨』を使って一九五二年に日本で初めて公開された被爆者の写真を見せ、この詩の制作事情を説明した。

## 四、実際の授業　第二時以降のみにします

第二時
1. 「題名読み」で出た意見
・人々が写真を見て思ったことをまとめた
・広島・長崎出身者の詩
・挨拶ということばには相手とのコミュニケーションを取ろうとする意志が表れている

・相手の表情を窺うために、挨拶ということばを使った
・原爆からの悲しいイメージ

2．第一連・第二連での子どもたちの意見

※　——は詩句や種類分けした項目、・はそこでの子どもたちの意見。

（第一連）

——**あ、**

・何かに　気づいた
・後に印象が残る
・驚き、悲しみ
・いきなりの言葉。でも少し怖い
・衝撃
・独り言のようだけれど、「八月六日」を忘れてもらわないように、あえてこのような表現にして印象づけた。

——**この焼けただれた顔は**

・この一文で恐ろしさが伝わる
・原爆で被害を受けたのでないと、こんなふうにはならない

・誰だか識別できなくなっている
・どんな顔になったか想像できるので、原爆はどんなもので人がどのように死んでいったか、読者に想像させている

**——一九四五年八月六日**
・太平洋戦争中、アメリカ軍からの攻撃
・その時広島にいた人
・日本人だけではない
・戦争に関係のない偶然広島にいた人たち

**——二五万の焼けただれのひとつ**
・どれだけ多くの人が被害にあったか分かる
・「ひとつ」と言っているけれど「ひとり」のこと
・人間のようじゃないから人と認められない
・広島の方々、現地にいた人の尊い命、さらに亡くなった方々の夢や希望までもが消えた

（第二連）
**——すでに此の世にないもの——**
・すでに此の世にないものは焼けただれた顔

・生きている私たちが挨拶したくてももうできない
・亡くなった人の夢とか希望
・現在存在するとは思えない事実

**――第二連の表現について**

・「―」は戦争を痛感。言葉にならない
・「―」は悲しさを強調
・詩という形式で一つ一つの言葉を大切に読もうとするので、普通の文より内容が伝わってきやすい
・全体語り方が淡々として写真を見ながら語っている

**――自分の体験と結びつけた意見**

・妹が原爆で亡くなった方の話を聞いたことがあるが、爆風によってガラスが割れ、体に刺さったそうだ

第三時
（第三連）

**――友よ**

・全国の被爆者　・友達　・原爆の被害にあった人
・読者　・現代人

・原爆のことから目を背けようとしている人

**向き合った互いの顔を／も一度見直そう**

・向き合わなくてはならない
・平和でないとできない顔
・いつ何が起こるか分からない

**戦火もとどめぬ／すこやかな今日の顔／すがすがしい朝の顔を**

・原爆に遭った人はアメリカを憎んで悲しんでいたのにすがすがしいのか
・今を平和だと思っているだけの人の顔。平和が当たり前だと思っている人の顔
・戦争を忘れつつある現代人への静かな怒り
・こんな朝が一瞬地獄に代わってしまった

（第四連）

**——その顔の中に明日の表情をさがすとき／私はりつぜんとするのだ**

・戦争の恐ろしさを知らない、明日が当然来ると思っている人
・明日が当然来ると思っている人
・作者は原爆はいつ落とされるかわからない。それは明日かもしれないと考えている
・作者は自分の身に何があるか分からなくて怖い

・作者は明日が必ず来るとは思っていない
・いままた原爆が落とされるかわからないし、それが明日かもしれない

（第五連）
**――地球が原爆を数百個所持して**
・擬人法が使われている
・地球規模の問題としてとらえなければならない
・数百個だと全部爆発したら、広島の比ではない
**――生と死のきわどい淵を歩くとき**
・原爆がいつ爆発するかわからないから
**――なぜそんなにも安らかに／あなたは美しいのか**
・原爆が世界にまだたくさんあるのに平然と生きていられる私たちを作者は不思議に思っている
・知らないから美しくいられる
・原爆をなくすように訴えている人には悲しみの表情もある

☆ 第三時の後に授業のまとめとして書いた一言感想
・私は「友」は現代人のことだと思う。だから「戦火の跡もとどめぬ」というところでは現代人に

対する怒りが表れているのだと思った。（M・O）
・平和は絶対ではないことを知っていなければならないと思った。（K・A）
・作者は忘れ去られ始めている原爆のことを必死に訴えている。いろいろな顔を出すことで、読者に考えを深めさせていると思いました。（H・O）

第四時
（第六連）
**――しずかに耳を澄ませ／何かが近づいてきはしないか**
・命を落とした人が言っている
・言っているのは作者
・目に見えない恐ろしさ
・今はいろんなことに気を取られ、戦争のことを忘れかけているから
**――見きわめなければならないものは目の前に**
・昔の人は見きわめられなかった
**――えり分けなければならないものは／手の中にある**
・危険は近くにある
・原爆が必要かどうか

・危険は身近にあるが、自分の手で防ごうと思えば防げる
・原爆が必要かどうか

☆

意見がこれだけだったので、「見きわめなければならないもの」・「えり分けなければならないもの」とは何かとここで改めて書かせてみた。そしてそれを発表させた。子どもたちは次のようなことを書いた。

・原爆や原発などがどれだけ害があるかを
・戦争が必要かどうかを
・死の危険と、そうではない危険
・私たちがこの先進んでいく道（本当に戦争は必要なのか）
・きちんと見きわめることができれば、防げる争いや惨禍
・戦争が起こらないようにするためのこと。例として、最近騒がれている「集団的自衛権」や「特定秘密保護法」があると、戦争を防げるのか、どうかを見極める。

**――午前八時一五分は／毎朝やってくる**

・被害に遭った人はその時間を過ぎると、生きた心地がする
・東日本大震災の二時四六分と同じ、特別な忘れてはいけない時間
・原爆が落ちる可能性
・体験していない人はその恐怖を知ってほしい
※この「午前八時一五分」のような表現を象徴的な表現だというのだと授業者が補足説明した。

**——表現についての意見**

・「手の中にある」を改行したのは強調

（第七連）

**——一九四五年八月六日の朝／一瞬にして死んだ二五万人の人すべて**

・前の連では「顔」・ものだったのが、人になっている

・その人たちにも魂があった。

**——いま在る／あなたの如く　私の如く**

・自分も油断していたことを反省

・平和な世で忘れかけている

・ずっと忘れないで欲しい

**——やすらかに　美しく　油断していた。**

・油断している時こそ注意が必要

・慣れが怖い

・あの時と同じ状況

・第七連は油断しているとあの日が繰り返されるかもしれないという警告

☆ 詩を全部読み終わった後、最初の「あっ」と題名について、改めて考えてみました。

**「あっ」についての意見**

・すでに此の世にないと気付いて
・句読点が最初と最後についているから、「、」で気を引きつけたい
・瞬間的に何かが分かったような台詞。そのくらい悲惨な顔、遺体だった
・この時、私が油断していたことに気づいた

**「挨拶」という題名について**

・「挨拶」というと、名刺交換をするようなイメージなので、何かを紹介する
・「挨拶」はスピーチ的な印象がある。スピーチは人に対して何かを訴える。人々の戦争に対する思いに対して訴える言葉にしたから。スピーチ的な言葉として、題名を挨拶にした
・今、生きている人に原爆の恐ろしさや悲惨さを語りかけるように、けれど中身を細かく書いていなくて、思うことをそのまま書いているから
・挨拶は日常的なもの。その日常の中に落とされた原爆のことについて書いたから。内容と題名を対照的にした
・毎朝かわすもの。一日でも原爆の恐ろしさを忘れてはいけないから
・原爆のことを知ったうえで私たちに一瞬一瞬の大切さをわかってほしい
・挨拶のようによくおこなうことを通して原爆の恐ろしさを伝えたい

# 五、「挨拶」感想批評文から

《現代の問題と重ねて》

僕は、この詩を読んで、現代の人は毎日を油断して暮らしているんだなと思った。東日本大震災、その日の東北の人たちは原爆の時の人々と同様、油断していた。まさか急に今までのように楽しく暮らせなくなるとは思ってもいなかった。僕は、この地震を体験し、それ以来、少しの地震でもあの日を思いだし、また大きなことになるのではないかと思っている。しかし、考えてみると、あの日地震を体験したことにより、地震に対する警戒心が強くなったと思う。だから、今もいつ原爆が落とされるか分からない中、警戒することが大切だと思った。

T・M

僕がこの詩を読んで、一番イメージを強くもつのは福島原発についてだ。この二つの事件が一番比較しやすく、近いイメージを持てると思った。人々は原爆の問題の反省を大して生かしてないと思った。当時政府が戦争を起こし、原爆の被害を招いた。その時の人々は戦争を望んでいなかった。今も人々は原発の再稼働を望んでいない。にもかかわらず、政府はもう再稼働をとり決めてしまった。この事例は同じ意味を持つと思う。政府は人々の意見を取り入れて生かすものなのに、全くと言っていいほど、生きていない。目先の利益だけにとらわれている。この国の政治家は国のことと言いつつ自分たちのことしか気にしていないようだ。この現状を打開しなければまた同じ惨事を繰り返すだろう。

G・N

今は国の政治の在り方からしっかり改善していくべきだと思った。

M・O

《表現について》

この詩には全体的に読み手を引きつけるような表現が多い。冒頭の「あ、」や、第二連が一行だけという書き方の効果だと思う。「あ、」は作者が何を見つけたのかを読み手に想像させ、次の行を読ませようとしている。第二連は一行だけという部分も読み手の想像を促しているが、特に「―」の部分が不思議に思わせていると思う。私は、この部分は原爆に対して明確な意見をもってほしいと示しているのだと思う。…（略）…第六蓮の呼びかけは、私たちに原爆に対して明確な意見を持ってほしいということを再度示している。その上で、大切なものを見極めなければ、また油断が生まれるということを伝えたかったのだと思う。第七連は「油断していた。」と過去形であり、「。」をつけて強調したかったのだと思う。油断した過去を忘れるなということを主張している。過去の過ちを忘れずに、私たちがすべきことを見つけてほしいということが全体の表現からわかる。

（感想）「挨拶」は、誰でもやる日常的なもの。私たちが原爆についての意見を持つことを、「挨拶」と同じくらい日常的にしてほしいのだと思う。原爆は身近なものではない人が多いから、油断している。しかし、それではまた悲劇が起きてしまうから、「挨拶」のように、身近で日常的なものにしてほしいのだと思う。

H・S

この詩は、戦争を日常に潜むものとして捉えている。第一連の「あ、」という言葉がいい例だ。時間が原爆投下のあの時間から刻一刻と遠ざかる日々のなか、ふと目にした写真の被写体がやけただれなことを改めて思い知る。その様子を切り取ったような言葉だと思う。また、焼けただれ、という表現にも、私は注目した。原爆を題材とした作品は、被爆者を哀れで、禍々しく、悲惨の象徴のようなものとして描いている。しかし、この詩は余計な言葉を使わず、ただ「焼けただれ」とだけ表している。実に単調な表現だと思う。しかし、かえってそのことが私たちの「焼けただれ」に対するイメージを膨らましている。「焼けただれ」がどんな姿をしているのか。私たちは現物をもってそれを知ることはできない。もちろん写真はいくらか残っていよう。それでも「焼けただれ」を嗅覚・触覚、またはそれが持つ雰囲気、それらを通して知ることはできまい。なぜなら「焼けただれ」は「すでに此の世にないもの」なのだから。

（感想）先程も述べた通り、私たちは「焼けただれ」を直接知ることはできない。ただそれと深い関わりを持つものを感じることはできる。「午前八時一五分」だ。これは「焼けただれ」のようにはっきりとした姿を持っているわけではない。それでも、あの八時一五分のように危険に満ちた瞬間はいつも私たちと同じ毎日に存在している。さらに、それを見極めるのも、拒否するのも、受け入れるのも、私たち次第だ。人は皆、心のどこかで自分の生存を過信している。それは不安の逃避であるが、今という瞬間を生きることの大切さを見逃していることにもなる。作者は、死の隣の生しか見ていない私たちに、静かに、けれど力強く、今日を生きることの重さを呼びかけている。

N・O

《自分たちにできることは》

この詩を読んで、改めて広島・長崎に原爆が落とされたという事実を伝えて行かなければならないと思った。

　私自身、この詩を読むまで、広島に原爆を落とされた事実は知っていたが、死んだ人が二五万人以上いて、顔や体が焼きただれてしまった人も何万人もいた事実をみじんも知らなかった。それは私だけでなく私たちの年代、または私より後に生まれてきた子にも言えるだろう。このように新しい代が増えていくにつれて、こんなにも恐ろしいことを忘れ去ってしまうことは、世界で初めての原爆投下地としても、その被害で苦しみながら死んでいった人のためにも、いけないことだと思う。

　それに日本が平和主義を唱えているからと言っても、平和だという保障はなく、いつ原爆が落とされるか分からないのだ。いつ戦争になるか分からない状態は、今も同じなのだ。そう考えた上で、やはり原爆を落とされた事実を生かさなければならないと思う。

　知らないことは罪だと思う。それを生かしていくことは義務だと思う。だから、私たちは詩でも小説でも何らかの手段で情報を手に入れなければいけない世代だと思う。

T・O

　今の日本は殺人はあるが、他国と比べれば平和な方だ。他国から見るといい国だという人もいれば、平和ボケしているという人もいる。私は後者の方に賛成だ。もちろん平和なのはいいことだ。しかし、他国が平和でなければ、いつ戦争に巻き込まれてもおかしくない。そんな時に日本は対応できるのだろうか。戦争に慣れろということではなく、平和な状況にいるなかでも、油断してはいけないということだ。争いが起きる可能性はいくらでもある。集団的自衛権が原因になるかもしれない。原爆のような悲劇はいつでも起こせる。地球は原爆を持っているのだから。

## 六、授業を終えて

子どもたちが授業で、あるいは鑑賞批評文で言っているように、詩という表現形式であるために、作者が一番大切だと考えた言葉だけで表現している。それだけに表現された言葉から想像していこうという意識が働いた。想像力を働かせたことで、さまざまなことを読み取れ、考えさせられて、詩という表現形式のすばらしさを改めて知ることができた。

一緒に読んだ子どもたちの中には、仙台で東日本大震災を体験した子どもが二人いた。その他の子どもも当時の東北地方の状況は分かっているし、自分たちとしても大きな地震を体験し、日常が突然壊されることは知っている。また、時がたてば何事もない日常が続いていくという考えに陥ってしまう私たちののんきさも知っている。だから、この詩を実感をもって読むことができたと思う。さらに、東日本大震災の午後二時四六分から、午前八時一五分がもつ象徴性についても容易に気がついた。

自然災害は、防ぐことができない。被害を軽くするように備えるだけである。それに対して、原爆を投下させる戦争は防ぐことも可能な人災である。日本の平和は危うくなっているのに、「安らかに美しく油断して」いる人々が多い現在、読者の生き方をも問うこの詩は、貴重な教材である。

（実践執筆　二〇一六年）

# 古典・漢文学習でも平和を

本多道彦

## その一　防人歌　万葉集と詩経国風（「揚之水」「陟岵」）

### 一　はじめに　単元設定の構想

中学の教科書では万葉集をあつかう。そのなかでは防人歌を少数だが載せている。そして、少ないときにはプリントで防人歌を補充して学習できるようにする教師も多い。古代での戦争・平和観に触れられる貴重な材だからだ。その防人歌を扱うときの一つの試みとして、防人の制度の本家である中国の防人歌を、万葉に併せて学習することで、史的な理解も、人々の非戦の思いについても、深めたいと思ってこの提起をする。

この「古典・漢文学習でも平和を　その一～その二」は、現場で実際にやってきたものをつなげ、拡充して、「おくのほそ道」を軸とした一まとまりの大単元として構想した。中学の教育課程のなかで、古代の戦争・平和に触れることは、社会科で歴史的事項として出てくる以外には、まったくといっていいほど無い。国語科では、一年か二年での「平家物語」を別にすると、万葉集防人歌・漢詩「春望」・「おくのほそ道」が作品・文章として、三年に集中して全員必修的に出てくる。これを散発的にでなくまとめる方が学習者にとってよいと考えた。だが、全てを一つにまとめると、大きすぎて物理的に時間の制約にぶつかってしまう。それで、手がけやすいように二小単元に二分した。連続しないまでも、構えとしては、一つと意識したい。

万葉の防人歌の内容や学習展開についてはここではふれない。万葉の防人歌は、どれでもいいであろう。なるべくは、内容的に多様であるように選びたい。それほど多くは時間的にも扱えないだろうから数首以上ということを想定しておく。

ここでは、扱われることの稀な詩経について述べることを主とする。詩経の多くは、雅・頌の神楽歌や宮廷歌で、国風（くにぶり　地方の歌）の中に少数の防人歌がある。「揚之水　ようしすい　三章（三連）」と「陟岵　ちょくこ　三章」の二候補を取り上げ、どちらか選べるようにした。

時間軽減からは「陟岵」一編となろうが、「揚之水」には後述するように、訓詁解釈のあれこれを考えさせられる良さがあり捨てがたい。両者を扱うなら、「陟岵」を先にすると生徒にとっては入り安くなるだろう。後述三「揚之水」は解説的に、四「陟岵」は語注の形で記した。

＊　この、「その一～その二」では、芭蕉関係以外では、次のものなどを主な資料とした。芭蕉関係は、ネットにあふれるほどあり、選ぶ煩雑さはあるが、入手は容易。

石川忠久『新釈漢文大系　第一一〇巻　詩経（上）』明治書院
一海知義『漢詩一日一首』平凡社ライブラリー
黒川洋一注『杜甫詩選』ワイド版岩波文庫、『中国詩人選集　第九巻　杜甫上』岩波書店
白川静訳注『詩経国風』東洋文庫
目加田誠訳注『唐詩三百首』東洋文庫、『詩経・楚辞』平凡社『新釈詩経』岩波書店
吉川幸次郎注『中国詩人選集　第二巻　詩経国風　下』岩波書店

## 二　日本の防人歌について

防人の制が設けられたその予想された攻撃勢力の具体も、また防人の実態そのものもよくはわかっていない。筑紫・博多を中心とする一帯、島にも及んだといわれる。といってもそのどこかははっきりしない。故郷での暮らしより苦しかったのか楽だったのかといった生活面も、帰った者と帰らなかった者の％も、分からない。ほとんどが婚姻し土着していったという説もある。斉明女帝・中大兄時期の大宰府一帯のとてつもない広さの防御ラインも、水城（みずき）を含めやっと解明されてきたところだ。最近の解明の進展で中学社会科教科書の多くに、水城が載るようになっている。ずっと新しい元寇の防塁といったものも、博多周辺といった常識は現地でその広さを見れば覆されるように、既得の半端な知識で防人を簡単に決め付けてはならないだろう。

万葉集の巻二〇にある防人歌は、防人の制が始まってから一〇〇年余の後、防人担当の兵部省にい

た大伴家持が東国から一六六首を集め八四首に絞って自作を交えて編集したとされている。家持という洗練された感覚を経ているためか、万葉の防人歌は、かなり整っていて、いわばサマになっている感じがする。梁塵秘抄の今様のような俗なうたいぶりをという無いものねだりの思いもする。

読者の便のために、これまでに扱ってきた防人歌の一例を、資料として載せておく。

我が妻はいたく恋ひらし飲む水に影さへ見えてよに忘られず　若倭部身麻呂　4322
時々の花は咲けども何すれぞ母とふ花の咲き出来ずけむ　丈部真麻呂　4323
我が妻も絵に描き取らむ暇もが旅行く我れは見つつ偲はむ　物部古麻呂　4327
大君の命畏み磯に触り海原渡る父母を置きて　丈部人麻呂　4328
真木柱ほめて造れる殿のごといませ母刀自面変はりせず　坂田部首麻呂　4342
父母が頭掻き撫で幸くあれて言ひし言葉ぜ忘れかねつる　丈部稲麻呂　4346
我が母の袖もち撫でて我がからに泣きし心を忘らえのかも　物部乎刀良　4356
常陸指し行かむ雁もが我が恋を記して付けて妹に知らせむ　物部道足　4366
松の木の並みたる見れば家人の我れを見送ると立たりしもころ　物部真嶋　4375
国々の防人集ひ船乗りて別るを見ればいともすべなし　神麻續部嶋麻呂　4381
ふたほがみ悪しけ人なりあたゆまひ我がする時に防人にさす　大伴部廣成　4382
唐衣裾に取り付き泣く子らを置きてぞ来のや母なしにして　他田舎人大嶋　4401
我が妹子が偲ひにせよと付けし紐糸になるとも我は解かじとよ　朝倉益人　4405
草枕旅行く背なが丸寝せば家なる我れは紐解かず寝む　妻椋椅部刀自賣　4416

家ろには葦火焚けども住みよけを筑紫に至りて恋しけ思はも　物部真根　4419
防人に行くは誰が背と問ふ人を見るが羨しさ物思ひもせず　4425
闇の夜の行く先知らず行く我れをいつ来まさむと問ひし子らはも　4436

## 三　詩経国風の防人歌について

詩経国風には、単純で、誰でも唱和できて、同じ涙を流せる、思いのこもった歌が多い。おそらく各地どこででも同じような歌詞や曲調で歌われたのだろう。万葉でも、同じとか似た語句の歌は多い。ここで取り上げる二編も国風そのものと感じられ、それを味わえる詩教材である。文字記載が始まったころの歌は、どこででも、歌うものであったことを含めて、同じか似たものを探して並べて感じとってみるということをするとおもしろいだろう。

詩経の詩は、何しろホメロスより古い世界最古というものであり、背景にしても用字用語や修辞法の裏づけにしても、膨大な考証を必要とする。しかも、漢文の伝統のなかでも名立たる大家がまったくといいほど異なる解釈を唱えてもいる。

ややもすると固定的な解釈をおしつけられる傾向のある古典学習というものは、実はある一つの派の受け売りにしか過ぎないという面がある。各説を読むと、文章は一つにしか受け取れないなどということではなく多様な読みが成立するということを知らされる。こういう点からも、古い時代のものを作品成立後どう後付してきたか、もっと注目されていいのではなかろうか。

＊詩経国風には、鄭と唐の編にも同題異趣の「揚之水」がある。ここで採っているのは王編。

## 四「揚之水（ようしすい）三章」について

揚之水　（読み下しと訳は自己流）

一章（白文で）
揚之水
不流束薪
彼其之子
不與我戍申
懐哉　懐哉
曷月予還帰哉

二章（読下し文で）
揚（あ）がれる水は
束（たば）ねし楚（いばら）を流さず
彼其（か）の子は
我と甫（ほ）を戍（まも）らず
懐（おも）ふかな　懐ふかな
曷（いづ）れの月にか予（われ）還帰（かえ）らんや

三章（訳で）
たばしる水は
たばねたがまを流さない
あの人たちは
我々と許を守らない
思っている　思っている
いつになったら帰れるのか

各章（連）が同じか似た字句や構文の繰り返しで、その間に挟む僅か二つの単語で様子や場所を変えて歌っている。

各連は、まず、「溢れ流れる水（揚之水）は～を流さない」という二句の繰り返しで始まる。挟み込まれて変わる薪・楚（小枝　茨）・蒲（がま）の束（たば）は、どこにもある雑物。この二行は、いくつもの説（解釈）がはるかな昔からある。流れる水が～を流さないというだけの単なる情景とは読めないのは、各章の後の内容と余り関わらないようなこの語句がなぜ繰り返されるのかということを誰でも疑問に思うからだろう。繰り返しているということは、全体の基調・イメージとしてかなりの意味を持つからに違いない。

この一・二句二行について、いくつかの解説から拾い出して整理すると、次のようになる。

①堰き止めて張った水を流し、それに草などの束（たば）を浮かべて流れるかどうかで占っているのだとする説。

この説の中には、

・自らの未来・運命を占うという説

・恋を占うという説

この説では、彼其子はその恋人や妻で一緒にここで守備につけないととる。

（防人が同伴者を許されたかどうかはわかっていない。）

②流れるはずの水と流されるはずの束がどちらもそうなっていない矛盾状態で自分の状態の比喩とする、詩経によくある語法だという説。

③流さざらんやと反語として読む説（自然なら流すのに自分の状態はありえないほどひどい）。

④だらけた水と取って、だらけた水（政治）では何も流せないという皮肉ととる説。

それぞれが、次の三点で異なっている。

a 揚を、激しいととるか、ゆったりととるか。

b 束を、普通のたばととるか、男女の婚姻や愛を示すととるか。

c不流を、そのままとるか、反語ととるか。

また、この二行が、事実の描写か、当時の風習を基にする一種の成句かという点でも異なる。どれでなければならないと言い切れるほどの根拠は選べそうもない。いろいろな解釈が成り立つことを受け入れて、その中からどれをとりたいか、もっと違う受け止めをしたいか、なぜ自分がそうとるのかを大事にしたい。その中に現れざるを得ない読み手生徒の現実認識や史的認識を大切にしたい。考えさせる上で、古来の解釈の諸説を紹介するといい。章（連）の初めで繰り返すことで歌に引き入れる、皆がそうだと同感する文句であったろうということを足場に考えさせていきたい。

なお、政治への皮肉説が、朱子の説であることも注目しておきたい。それまでの儒学・儒教をひっくり返したといわれる朱子だが、江戸期の凝り固まった朱子学ということについて考えるときの役に立つ面もあるだろう。

次三・四句は「彼の其の子は　我と～を戍（まも）らず」の繰り返しである。彼と其は重複の語法らしい。徴発を免れて故郷にいる人と取るのが大方だが、他の諸侯の兵とか、故郷の妻子ととる説もある。入れ替わるのは地名で、申・甫・許はいずれも蕃夷とされ、楚が攻め込む可能性のある弱小同盟国。国王の妃と同姓の国（つまり、王妃の実家や親戚）という注釈を付けていることが中国では多い。（王とか妃とかは厳密な規定があるが、ここでは常識的な一般名詞として使う。婚姻は政略結婚で、同盟の証あるいは人質であった。）

兵は多方面へ派遣され、その各地で同じように苦しんでいたから、地名を変えるだけで同感されるのだろう。「我」は、中東派遣のアメリカ兵や集団的自衛の名で海外派兵の自衛隊に引き比べられるだろう。原因・背景などの事情は違うが，大国が自国の利益のために自国や同盟国の兵を遠く派遣するという大枠では同じこと。派遣された兵士の立場では当然似た心情が想像される。

最後五・六句は全く同じ繰り返し。「懐（おも）うかな懐うかな　曷（いづれ）の月に予（われ）還帰（かえ）らんや」（おもっているおもっている　何月になったら俺は帰れるのか）妻子・家族を思っているなのか、あなたに会いたいなのか、故郷に帰りたいなのか、生きて帰りたいなのか、ことばを足して訳すといったことをすると、イメージもはっきりして話し合いももりあがるだろう。

## 五「陟岵（ちょくこ）三章」について

陟　岵　（二・三は自己流）

一章（白文）

陟彼岵兮
瞻望父兮
父曰嗟予子
行役夙夜無已
上慎旃哉
猶来無止

一章（読下し文）

彼（か）の岵（き）に陟（のぼ）りて
母を瞻望（せんぼう）す
母は曰（い）わん嗟（ああ）予が季（すえこ）よ
行役（こうえき）しては夙夜（しゅくや）に寐（い）ぬる無く
上（ねが）わくは旃（これ）を慎（つつし）まん哉（かな）
猶（な）お来たりて棄（す）てらるる無かれと

三章（訳）

山の尾根にのぼって、
兄の方をながめやる。
にいさんはいっているだろう、ああ弟よ、
出征中は朝夕みんなと一しょに行動し、
お願いだから万事に気をつけるのだよ。
そうして何とか死なずに帰って来い。

前詩「揚之水」と同じく、数単語の入れ替えで、各連がほとんど繰り返しといっていい作り方である。内容の簡明な点からは、「揚之水」より教材として扱いやすいとも言える。

はじめの二行は、「揚之水」と違って、成句といったものではなく、辺境の守備地の情景と受け止めてよさそうだ。周囲のあちこちにそういった小高い所があるとイメージしてもよいだろうし、各連で変えただけとみても良さそうだ。故郷をおもえば、眺めやりたくなる。遙かに眺めやるためには高いところに登るのは自然の行動。高いところに行って願いを天にかける、高きに登る＝登高という行事・風習も中国にはある。

防人の守備陣地の近くの小高いところに登って、故郷の方を眺め、父母兄弟を思い出す。出発までに言われたことばを思い出す、あるいは顔を合わせればこういうだろうと想像する。留められるな、捨てられるな、死ぬな、全く自らの思いに重なる。ああ帰りたい。

父・母・兄という家族の代表を出して望郷の思いを歌っているのだが、それぞれの立場に託して防人の境遇・状況を語らせる形になっている。そこからうかがえる状態は、時代の歴史的位置もあるが、凄まじいものと読める。それだけに最後の「無止」「無棄」「無死」に重なる当人の恐怖を孕んだ思いの深さに読む者はうたれる。

陟岵　注

陟　チョク　登る。
岵　コ　はげ山。
屺　キ　草木の生えている山。（岵と屺の意味は逆とする説がある。）
岡　山の背　尾根。
望　のぞむ。遠くを見やる。
曰　いふ（いう）。曰はん（いわん）言うだろう、曰ひぬ（いいぬ）言っていた、どれともとれる。
嗟　サ　間投詞。ああ。
季　末子。（小さい子ととる説もある）
行役　コウエキ　公務のための旅行。ここの公務は戦争。
夙夜　シュクヤ　朝と晩。（朝まだき　とする説もある）
已　イ　懈倦　おこたりうむ　サボる。
寐　いぬる　居眠り、寝てばかりいる　どちらともとれる。
偕　カイ　ともにす　仲間と行動をともにすること。敵や狼などへの用心だろうか。
上　ジョウ　尚（ショウ　ねがう）と同じとするのが普通。

旃　セン　之（シ　これ）と同じとするのが普通。
止　とめる、とどめる。日本の防人も、期間の延長があったというが、罰則としての場合もあったのだろうか。捕虜になるなととる説もある。
棄　死んで死体を捨てられることだとされている。
猶　なお。やはり。べしと読んで、かえり来るべきも止むる無かれ＝帰って来てもいいが軍務を停止してはならぬ、とする説もある（父の立場として、正義感から？　体面上？）。

【付】　漢文学習・漢文訓読についての私見

漢文訓読は、中国語という外国語を、日本語に替えて読む（読み下す　訓み下す）という世にも稀な、おもしろい、便利で、有効な方法である。ほぼ直訳していくから、無理矢理日本語に当てはめていく形になる。普通の日本語と少し違う、いわゆる漢文調が成立している。始まりが古いので伝統的な面が強く、また、日本古典の文字遣い・文法にほゞ従っている。

いわば翻訳だから、当然読み手によって読み方に違いがある。逆にいえば、自分流で読んでいいことにもなるはずだ。だが、どう訳すのがいいかについて、いろいろな人がいろいろな説を立てていて、中国でも日本でもそれを継承したり併行したり千何百年もの伝統がある。いわゆる訓詁注釈の学説の権威が支配する風潮がある。つまり、権威に逆らって自分なりの独自な読み方を出しにくい。それでも、最近は、学者の中にも新しい読みをする人たちもいて、漢文調を外して口語調で読む傾向もあり、大いに挑戦すべきだろう。そうすることで、古来の与えられた漢文調を鵜呑みにさせられるよりも、発想や表現に深く触れられる。

語順も違う中国語を、返り点や送りがなを援用して日本語に替える過程では、中国語はもちろん日本語や英語の性質についても認識させられる利点がある。漢語・熟語の構造や性質などの理解も深められる。特に、日本語の、主述と目的語補語の関係、格助詞・副助詞や助動詞の理解に役立つなど、国語学習へつなげられる利点を生かしたい。

## その二
## 「おくのほそ道」を軸として　芭蕉　李白　杜甫　など

### Ⅰ　はじめに　単元設定の構想

松尾芭蕉の「おくのほそ道」は、小学校で一部が訳文紹介される例もあるが、中学教科書で必修教材となっている。「おくのほそ道」は、旅をしたいという人間の気持ちについて考えるのに格好の教材であり、また、旅の文学的形象化としての紀行文のありようを考えるにも、難しいがおもしろい教材である。古典の授業は、国語授業のなかで、文法・文字語彙指導と並んで、知識伝達型教え込みに陥りやすい分野だ。それを認識活動にはっきり位置づけたい。生徒にとっても、それは大事なことであるはずだ。扱いにくいが面白い、しかも全員必修教材という位置にある「おくのほそ道」でそれを試みることを、この提起の眼目とする。そのなかでは芭蕉の戦争観に触れることもできる。

身の回りが全てといっていいほど商品的な日常性に取り巻かれてしまっている現代では、少しでも非日常を求めて、人々は旅に出たいと思う。しかし、その旅そのものがずいぶん商品化されてしまっている。そういう現代人にとって、旅について考えることは生き様や人そのものについて考えることにも通じていく。自分の将来の孤立死を三〇代で怖れる人たちがいるという現代、世・人について生徒たちにもしっかり考えて欲しい。

また、芭蕉が自分の旅をどう表現して伝えたかを見ることは、事実と表現の間を考える手掛かりになりうるだろう。もちろん、現代での情報操作などについては、別の授業になるが、その基盤としても有効だろう。「おくのほそ道」は、旅の事実と文章との違いを、例えば同行した曾良の文などとの対照で検討されてきた。もちろん、その論証作業は大変な仕事で、中学の授業の手に負えるものではない。だが、「おくのほそ道」は、表現上の細工をいくつも見られるようになっている。そこから、どんな工夫を凝らしてこの紀行文が仕立てられているのかということの一端ぐらいはつかめる。そのことは、旅の事実そのものの記録と、虚構を含んだ創作としての紀行との違いやそれぞれの面白さについて考えさせる。

今は、「パロる」という単語が辞書に載るほどリライト流行りだが、それらがどういう歴史的経過を経ている発想なのかといったことは注目されていないらしい。だから、いかにも独創的な顔をして千年も前の表現法を売り、それに乗せられて買う人が出るということで商品化がますます進んでいく。その途中経過のような姿を「おくのほそ道」では楽しむことができる。商品化ともつながりながら、情報が乱れ飛ぶ状態の中に生きている我々は、こういう情報の細工の種々相について、賢くならなければと思う。

李白の「百代の過客」を自分のことばのように使って、旅を冒頭で定義し、芭蕉はこの紀行文を始めている、こう感じるのは引用や盗用といった現代の著作権感覚からくるのであろう。当時は、自分のことばに古来の作品を如何に多く含められるかという、本歌取りを典型とする平安からの感覚で言葉は綴られていた。冒頭部で言えば、李白を踏んでここを述べているのだと読まれるはずだと、芭蕉は当然予定していた。その上でこそ、李白を踏んでいるという称賛を期待できるのだ。こういう時代背景に立つ本来の読者像論から来る読みと現代読者の現代からのイメージとをどう重ねるかは大きな問題で、それを探る実践は得るところも多いと思っている。

著作権侵害の盗作盗用は問題外として、出典をあげた挙例・引用のほかに、脚色・翻案・ダイジェスト・パロディというような、他作品を使って自分の創作に作り変えていくことは昔から今に至るまで多い。新古今あたりを頂点とする掛詞・縁語・本歌取りといったことのほか、芭蕉も加わっていた江戸前期の貞門派俳諧などは比喩・見立て・もじりなどの連想やダブルイメージを主とする修辞法を競っていた。そういうなかでの芭蕉の作品であることはしっかりおさえておきたい。

また、現代、語呂合わせ的な洒落やギャグなどがはやっていて、それはそれなりに音感上の日本語の面白さに関わっているのだが、芭蕉のものは大いに違うことにも、注意しておきたい。音通を大事にしていなかったということではなく、非常に広い・深い文章知識の裏付けを芭蕉は持っていて、それが至る所で現れてくるということだ。明らかな姿で引くこともあるが、我々浅学者には隠されたようでみつからないものも多い。読む一文一文どこに何が隠れているのか、その解釈には苦労がいる。古典漢文のものは、当時全訳などない時代だから、訓詁注釈に頼るぐらいしか読みの手助けはない。それもすべて漢文であるから、読むにはかなりの素養が必要なのだ。平安の和漢朗詠集などの伝統の上で連歌俳諧と進んだその最先端の頂点に蕉風を築こうとする芭蕉が、新たに書き始めている俳文という新世界だから、なおさらにこういう工夫を凝らしているのかもしれない。長々と、うつしをめぐることを述べてきたのは、後述の詳細で確認してほしいが、それほどうつしで埋まっている「おくのほそ道」であるからなのだ。

「おくのほそ道」では、芭蕉は先人を心にかけ、その歌の跡を辿りながら、その地では作句していない（というように書いている）。先人を乗り越えられないのか、先人の作を軽く見たのか。何のためにこれら先人関係を文中に書き入れるのか。白河でやっと気持ちが定まったというその前と後はどうなのか。漂白の思いと歌枕を訪ねるという矛盾したようなこととはどうつながっているのか。前途三千里とはやる心の、三千里の先の最遠到達予定地・折り返し点はどこと想定していたのか。いろいろな解説を多少探ったぐらいでは、多くの疑問が残らざるを得ない。そして、それを探り考えるのは面白い。芭蕉については「おくのほそ道」を中心に隠密・忍者説もあり、歴史や作品をどう見ていくかを考えるにはおもしろい存在である。

しかし、ここでは全員必修の学習を前提として、教科書教材に沿った以上に余りはみ出さない注意を払うことにする。それは、単元が大きくふくらみすぎて、膨大な時間と生徒の学習の難しさを増してしまうことを避けるためである。調べる学習もぜひ組み込むべきだが、興味を持てそうで作業量も小さい所にかなり限定しないと、負担が大きくなってしまう。ただ、旺盛な好奇心を持つ中学生時代だから、興味の湧くままに深く探り出す者の出る可能性もあり、指導する立場からは、そういう余地は広げておきたい。

教材としては、教科書ではほとんど旅立ちと高館の「夏草や・・・」に集中している。それでは困るとは思うが、無償給付教科書を持つ生徒の立場から発想して単元を組み立てていきたい。生徒にとっては先生が選んだ教科書を持たされているのであり、教師にとっては俺たちが選んだ（選んだ形になっている）教科書を生徒に持たせているのだから。

この単元設定での教材群は、生徒の学習関心のありようや許容される時間数などによって指導者が適宜増減するように考えている。後出の資料やそれらに代わるもので組み立ててもらいたい。資料として配布して自由に読むなり読み教材として扱うなりで、学習は多様に伸縮展開できると思う。ほとんどの教科書が旅立ちの場面と高館の場面を載せているということから、その二つの場面を読み深めるという形での学習展開の案を以下に提起する。この提起では、中学教師なら一度は扱ったことがあるものとして、多く指導されていることはほゞ省き、新たに加える点を中心に述べる。

なおまた、ここでは省いているが、芭蕉に入る前（この単元構成での一と二の間）に、「春望」を扱っておきたい。「兵車行」を併せて読み、杜甫の戦争観に迫る学習を経験しているものとしてこの単元を組んでいる。王維の『送元二使安西』が教科書に載っていて学習してあればなおよい。

（補記）時間を急かされて不足だらけの授業に追い込まれて授業者自身が嫌になる前に、つまらないことはなるべく楽に済ませる工夫をしたい。古文の通釈だの語注だの故事来歴だのといったことは、プリントして資料として持たせてしまえば、質問だけで済ませられる。ＯＣＲソフトの付いているスキャナーで教科書教材を取り入れてしまえば、加工は自由だから、対訳(逐語訳)・意訳を添えた形のテキストを作ることは難しくない。読み下し文で作品掲出する教科書もあるが、その読み下し(=訳)にさらにやさしくする訳を添えることも有効だ。一般的な古文の授業はほとんどこれで済ませられる。逐語訳を単語単位・語句(連文節)単位で二重三重に入れるとここは分かりやすいだろうな、と親切に作る教師の親心を発揮すればいい。その後のそれらを使って質問に直に答えていく時間を多く作る方が、生徒の認識に真正面からぶつかるチャンスであり、教師の蘊蓄も洒落っ気も含めて、生徒とわかり合える時間だろう。

かつて、古文は生徒の知らない世界だから授業が楽だという雰囲気があったが、今はそれは通用しないだろう。「おくのほそ道」といった知られたものならもちろんだが、高校大学レベルでの古典でも、通釈も解説も趣味的だが深く鋭い考察も、ネットにあふれている。生徒(の一部)は、それを見て知っていることが十分あり得る。それらを使って生意気な生徒が質問攻めをはじめたらどうなるだろう、といったことを少し心配しておくのも無駄ではなさそうだ。

## Ⅱ 目標

古典を、語釈・通釈といった語法的な学習にとどめず、文学として、昔の人の心に迫れる作品として扱いたい。そのことは、作品の何かが身近になることで可能になるのではないだろうか。それが国民必修教材化した「おくのほそ道」でできると、大きな力になると思う。端的に言えば、芭蕉はこんなことをしていたのだろうな、こんなことを考えていたのだろうなと自分なりに想像して、なるほどなと自分で納得できれば、芭蕉や「おくのほそ道」を身近にできたということになると思う。

そういう読みのなかで、この紀行文の頂点となる夏草やの句を含む高館の場面で、芭蕉がどういう気持ちで感慨に浸っているのかは、当然追究される。そうすると、芭蕉の戦争観が問われることになる。古典を文学として読めば、当然自然のことであるのに、不思議にそういう実践を聞かない。古典で平和学習をというのは、無理やりのことではなく、こういう点までしっかり読みたいということなのだ。

目標は、冒頭部と高館部分とが教科書教材の中心であることを考えて、次の二点に焦点化したい。

①芭蕉の旅への思いを探る

次のようであってもいい

・旅とは何か（人は何を求めて旅をするのか）――（「おくのほそ道」を例に）

・自分は旅をどう考えるのか――（「おくのほそ道」を例に）

②高館での芭蕉の感慨を探る

いずれも作者の内側を推測する分析的課題であり、正解のないことである。回答することもかなり難しい。考えて、他の人の意見を聞き、さらに考えを深めるようにしたい。書かれた文字の書かれてあるままに文章を読み深める読みの授業とは異なる。あえて、作者を意識して、前述の目当てに向かおうとする試みである。

＊評価の観点としては、考えて自らの意見を持てたか、考えの成長があったか、を予想。

**提起者の教材観とめあてについて**

通常ここには提起者の教材観を述べ、それからする指導の目標・目当を示すのだが、ここで提起する授業は、古典の授業としてあまり行われていないだろう。そのため、内容をみないと教材観や目当が妥当なものであるかどうか判断しにくいだろうと思う。そこで、まず資料を提起し、その資料を生徒はどう受け止めるだろうかということと、教師側がそこでどんな手助けをするのがいいだろうか、という具体を、各資料を挙げて記した。

各項の資料◆の後に挙げた＊印がそれで、次の二つの予想を混合してある。

・生徒がこう思う、こう発言するかもしれない、発言しそう。

・話し合いが進むなかで生徒の様子を見ながら、教師側から助言・指示・解説・追加説明を加えるためのヒント。

＊◆x～yのようにまとめて＊印反応を記しているところは、そのいくつかの資料はまとめて提示することを予定している。

その上で、二つの場面のそれぞれの展開の最後に、提起者のまとめたとらえ方を述べた。教材文にとってその資料が必要か適当かの吟味を含めて、検討していただきたい。

**提示する資料について**

＊ここで示す資料◆印1以下は、一例としてのもの。

あとで何番の資料と指摘しやすいように、短めのまとまりにしている。

調べやすいネット検索などで得られるものを中心として例としている。

資料に百人一首の例を入れてあるのは、生徒に親しいだろうかとの配慮。
指導者側で、自由に資料を作ることが望ましい。
＊特に課題1は、間口を広げて資料を載せているので、使いやすいものに絞る必要がある。
＊提示は、板書・プリント・電子黒板など、教師・生徒に負担の軽い形を工夫したい。
＊教科書には、多くの脚注などがある。活用して、手間を省きたい。
＊数字なしの◆だけの項は、口頭・板書などで済ませられそうなもの。

## Ⅲ　学習課題

前項の目標から、次の四項目を学習課題として立てて進める。
まず、旅立ち場面では芭蕉の旅への思いが中心となる。そこでは、手掛かりが次の三つに絞れる。
1「漂泊の思ひやまず」「古人も多く旅に死せるあり」「前途三千里のおもひ」
　――旅に出る芭蕉の覚悟といった思いをしっかりつかもう
2「千じゆと云所にて船をあがれば」「人々は途中に立ならびて、後かげのみゆる迄はと見送」
　――どっかに似た情景があったようだが
3「鳥啼魚の目は泪」
　――鳥や魚はどこにいる？　絵に描いてみると
次に、高館場面では、芭蕉の戦いに寄せる思いが中心となる。

4「国破れて山河あり」「兵どもが夢の跡」
――芭蕉の感慨はどういうものだったのだろう

## Ⅳ　学習の展開例　（時間配当は自由、適宜に取捨・拡縮）

### 一、導入・意欲喚起と通読

①芭蕉紹介の資料◆1を配布、生徒か教師の音読。

◆1《芭蕉》（一六四四～一六九四）しばしば旅に出て、『野ざらし紀行』・『鹿島紀行』・『笈の小文』・『更科紀行』などの紀行文を残した。元禄2年（一六八九年）、弟子の河合曾良を伴って『おくのほそ道』の旅に出、元禄四年（一六九一年）に岐阜大垣で旅を終えた。その最期も旅の途中であり、大坂御堂筋の旅宿・花屋仁左衛門方で【旅に病んで夢は枯野をかけ廻る】の句を残して客死した。辞世の句と言われているが「病中吟」との前詞がある【秋深き隣は何をする人ぞ】を死の床に臥す直前に書いた。享年五一。「（墓は）木曾殿の隣に」という遺言により、大津膳所（ぜぜ）の義仲寺（ぎちゅうじ）にある木曾義仲の墓の隣に葬られた。（ウィキペディアより抜粋）

②「おくのほそ道」冒頭、旅立ち、高舘、金色堂　など、事柄とおおよその形象を読む。

指名音読で、読みなども適宜指摘しながら進める。

＊　考証などの問題が多く、初めの段階から詳しく読むと、部分の読みに長時間かかってしまい、相互関連した全体像に辿り着きにくいので、通読から入りたい。

＊　教科書の部分だけにするか、足して他部分（資料）も併せて提示するか、目標と合わせて計画する。

## 二　読み深め考える手順を選ぶ。次のＡＢどちらかを想定。

前項Ⅳの学習課題１～４を提示する

Ａ　同一課題をクラス全員で考え話し合う。（課題の順に、資料をその都度提示）

＊全ての細かい着想など全員で共有できる。望ましいが、時間がかかる。

Ｂ　課題を班別で選択。

＊班の数を考慮して、課題１をいくつかに分ける。

１　班単独で考え合い、班員各自考えたことをなるべく細かく文章にする。

資料◆印は、担当班のみに配布。

２　課題順に、課題ごとに、各担当班の全員の文を読み、クラス全員で話し合う。

資料◆印を、担当班以外全員に配布。

＊班別学習に慣れていないと、Ａより時間がかかる恐れもある。

＊進行は班によっての深浅や遅速がある。どう手助けするか工夫が必要。

＊班全員分をクラス全員で読み合うことで、他班の話し合い過程の共有に近づける。

## 三　読みを深める

各課題・資料ごとに、
・語句の持つ意味を知り、場面のイメージをおおよそつかむ、主として「わからない」「イメージできない」解決の、形象の読み段階
・とらえ方考え方を交流し自分の考えを作っていく段階
の2段階を意識しながら進める。
＊読み深め話し合う際に、話し合いの区切りごとに、まとめのメモ的記録を残す。
　自分の考えの定着のため
＊ときどきお互いのノートを読み合う。（時間を適宜設定する。）
　話し合い段階の流れのなかでの発言とまとめとではかなり変わることが多い
＊教室の壁に「芭蕉」とか「おくのほそ道」とかの掲示枠を作っておいて、なんでも関係する興味あることを見つけたら、個人で自由に貼り付けていく。
こういうことで自発学習や意見発表を盛り上げ、学習に前向きなクラスを作りたい。

**資料の扱いについて**

ここに提起した資料は、それぞれ読み教材として使ってもいいような作品も含み、また、資料の文の読み自体も難しい面を持っている。主目的と時間制約の両面から考えて、教材部分の読み深めに役立つことに焦点を当て、資料の読み深めには時間を取らないように注意したい。もったいない感じもするが、焦点が定まらなくなることを避けたい。語釈や意訳で内容を簡単に抑える程度にしたい。原文でなく訳文で提示したり、事柄の紹介に留めたり、生徒実態に合わせての工夫をしたい。

## 四　まとめ　最終のまとめを、次のどちらかで書く。

・「おくのほそ道」の学習で、最もおもしろかったのは何ですか、どうおもしろいかを中心に書いてください。
・旅や人の生き方について、「おくのほそ道」の学習の前に比べて、自分の考えが進歩・変化したことがあれば、詳しく書いてください。

＊一旦、書いて読み合い、話し合い、その後最終的に書く。
＊こうすることで、全員の学習の質の保証がかなりできる。

## V　各課題ごとの資料と留意点など

### 課題1　「漂泊の思ひやまず」「古人も多く旅に死せるあり」「前途三千里のおもひ」
### ——旅に出る芭蕉の覚悟といった思いをしっかりつかもう

◆1　再読

◆補　偈「路に糧をつつまず笑ひてまた歌ふ。三更月下無何に入る」広聞和尚『江湖風月集』

◆補　「千里に適（ゆ）く者は三月糧を聚（あつ）む」『荘子』

◆補　芭蕉は、一六八四～八五年、四一歳で、弟子の千里（ちり）を供に、旅をしている。

◆2　『野ざらし紀行』一六八五～八七年成立。

「千里に旅立て、路粮を包まず。「三更月下無何に入」と云けむ昔の人の杖にすがりて、貞亨甲子秋八月、江上の破屋を出づる程、風の声そぞろ寒気也。

野ざらしを心に風のしむ身かな」


*千里って、旅の遠さか。弟子の名をひっかけた遊びかな。荘子を呼び込んで糧につないだのか。

*荘子は三ヵ月も食料の用意をしたっていうけど、俺は弁当一つ持たずに行くぞって格好つけて。

*無何って無我って訳だけど、何もない所に入るっていうのだから、虚空をふらふら宇宙遊泳か。

*やっぱり野ざらし、つまり行倒れを覚悟していたのは確かだ。

*「おくのほそ道」の旅より前からこういう覚悟の旅をしていたんだ。

＊死にそうなときになっても夢は枯野をって、やっぱりずっとそういう夢を追っていたんだ。
＊最後まで格好つけてたってことも考えられる。
＊死ぬのだって格好いい方がいいさ、誰だって。

◆3a　八月十五日夜、禁中獨直、對月憶元九　　白居易（白楽天）

八月十五日の夜、禁中に独り直（とのゐ）し、月に対して元九（げんきう）を憶（おも）ふ

銀臺金闕夕沈沈　　銀台（ぎんだい）　金闕（きんけつ）　夕べに沈沈（ちんちん）
獨宿相思在翰林　　独り宿り　相思ひて翰林（かんりん）に在（あ）り
三五夜中新月色　　三五夜中（さんごやちゅう）　新月の　色
二千里外故人心　　二千里外　故人（こじん）の心
渚宮東面煙波冷　　渚宮（しよきゆう）の東面（とうめん）に　煙波（えんぱ）は　冷やかに
浴殿西頭鍾漏深　　浴殿（よくでん）の西頭（せいとう）に　鐘漏（しようろう）は　深し
猶恐清光不同見　　猶（なほ）恐る　清光（せいくわう）は同じく見ざるを
江陵卑湿足秋陰　　江陵は卑湿にして　秋陰足（おほ）し

＊すごい対句の響き。三五だから二千で、中だから外で、新と故、外の色と内の心。おまけに、沈林心深陰と脚韻をちゃんと踏んでる。さすが白楽天。有名になるわけだ。
＊まだ後の句も、渚宮と浴殿、東面と西頭、煙波と鍾漏、冷と深。対比尽くしだ。
＊内容はあまり芭蕉の旅に関係なさそうだけど、三千里と二千里が似てるから使ったのかなあ。

*二千の語を使っている詩を、三千の裏に使っているとは変じゃないかな。

*ものすごく有名な文句だから、これを使ったって思われたいのだ。

◆3b　『源氏物語』須磨　　紫式部

2段　月、いとはなやかにさし出でたるに、今宵は十五夜なりけりとおぼし出でて、殿上の御遊び恋しう、所々ながめ給ふらむかしと思ひやりたまふにつけても、月のかほのみまぼられ給ふ。「二千里のほか、故人の心」と誦じ給へる例の涙もとどめられず。
9段　唐国に名を残しける人よりも行方知られぬ家居をやせむ　渚に寄る波のかつ返るを見たまひて、うらやましくもと、うち誦じたまへるさま、さる世の古言なれど珍しう聞きなされ、悲しとのみ御供の人々思へり。うち顧みたまへるに来し方の山は霞はるかにて、まことに「三千里の外」の心地するに櫂の雫も堪へがたし。

*なんだかなあ、白楽天大名人の句を引用してるんですよ、すごいでしょってなものかな。

*いや、そうでもない。やっぱり友人と離れて淋しいんだ、ちゃんと中身を生かしてる。

*須磨は都から追われて詫び暮らしの巻だって解説にあった。

*平安貴族は白楽天の対句などにこうして親しんでいたから、新古今の技巧が生まれたんだろうな。

◆4a　冬至宿楊梅館　　　　冬至　楊梅館に宿す　　白居易

十一月中長至夜　　十一月　中　長至（ちょうし）の　夜

三千里外遠行人　三千里　外　遠行（えんこう）の　人
若爲獨宿楊梅館　若為（いかん）ぞ　独り宿す　楊梅館（ようばいかん）
冷枕單牀一病身　冷枕（れいちん）　単牀（たんしょう）　一病身
《十一月の冬至の夜　三千里の遠くを行く旅人　なんでひとり楊梅館に泊まっているのか
冷たい枕　侘びしい寝床　ひとり病の身だ》

◆4b　夢亡友劉太白同遊彰敬寺　亡友・劉太白と同に彰敬寺に遊ぶを夢む　白居易

三千里外臥江州　三千里外　江州に　臥（ふ）す
十五年前哭老劉　十五年前　老劉を　哭す
昨夜夢中彰敬寺　昨夜夢中　彰敬寺（しゃうけいじ）
死生魂魄暫同遊　死生魂魄　暫（しばら）く同遊す
《（都から）三千里の江州で（病気で）ねている。一五年前劉さんの死で泣いた。昨夜夢で彰敬寺にいた。死者（劉）と生者（わたし）の魂がしばらく一緒に遊んだ。》
（七言絶句の作詩法で平仄＝漢字アクセントを整えると、ここに入る数字は三千以外にはないとの説もある）

◆3a〜4b
＊実際の距離ではないんだ、遠ければ二千でも三千でも同じに使ってるようだ。
＊芭蕉はどれを使ったのかなあ。二千と三千はどちらでもいいらしいけど。
＊楊梅館の病人の方が、明日の我身かなって感じじゃないかな。

*江州で病気で寝てて、夢で死んだ友だちと逢ってるって、芭蕉があこがれてるなら、怖い。

*◆4abのどちらでも、◆3aの二千里外故人の心より、雰囲気が合っている。

*芭蕉は、やっぱり三千里を、ことばとしてもきちんと使うと思うな。

*二千里外故人の心の方が、紫式部も使っているし、有名なんだけど、芭蕉は学があるから、俺はこういうのもちゃんと知ってるぞって、そんな気があるんじゃないかな。

*◆3aを使ったのなら、前途二千里って書いたんじゃないかな。どっちだって遠いんだから。

◆5 「春夜宴桃李園序」 李白
夫天地者萬物之逆旅 光陰者百代之過客 而浮生若夢・・・
（それ天地は万物の逆旅（げきりょ） 光陰は百代の過客（かかく）しこうして浮生（ふせい）夢のごとし・・・）

◆6《李白》七〇一～七六二 杜甫と並ぶ盛唐の代表詩人。杜甫を〝詩聖〟とするのに対して、李白は〝詩仙〟と称されている。字は太白。李白の素性については、今なお不明なところがいろいろとある。
李白は生涯をかけて、中国の各地を実によく歩いており、それぞれの土地において、たくさんの詩をつくっている。旅の詩人というと杜甫がとりあげられるが、李白は杜甫とは比較にならぬほど全中国を縦横に行動している。そして自由の身として、スケールの大きいみごとな詩をうたいつづけたのであった。そうした点は、李白が尊崇した孟浩然の影響が考えられる。李白は、酒を愛し、山を愛し、月を愛した。そうした好みは、道士の世界にあこがれをもったことから生まれているかもしれない。

李白は「詩仙」といわれたように、まさしく詩中の仙人であり、また「酒仙」でもあった。きまじめな儒学の教養をたいせつにした杜甫は、とらえにくいスケールをもつ李白から強烈な刺激を受けたようで、放浪の身となってからの杜甫は、しばしば李白を思いおこして李白をしのび、また李白のスケールの大きい詩句を活用するのであった。（個人HPより抜粋引用）

◆7　井原西鶴　友人かライバルか

「（略）されば天地は万物の逆旅、光陰は百代の過客、浮世は夢まぼろしといふ。時の間の煙、死すれば何ぞ、金銀、瓦石にはおとれり。（略）」（「日本永代蔵」巻一）　一六八八刊

西鶴（一六四二〜一六九三）俳諧師（貞門派〜談林派）一六八二年『好色一代男』刊行

芭蕉（一六四四〜一六九四）俳諧師（貞門派〜談林派）一六八一年蕉風宣言三八歳

◆5〜7

＊西鶴も芭蕉も使っているのは、そのころの作家たちや読者たちの好きな決まり文句だったんだ。

＊芭蕉が「おくのほそ道」の旅に出たのは、一六八九年だろ。ライバルの西鶴は超売れっ子になってた。だから、西鶴が使った李白の有名な言葉をわざと使って、俺はこうだぞと、違いをはっきりさせたんだ。

＊西鶴が小説家になるころ、芭蕉は野ざらしの旅をしていたのだから、旅への思いは、西鶴とは関係ない。

＊いや、やっぱり芭蕉は李白を好きだし、尊敬していたんだ。李白の旅の心を追っていたんだ。

＊芭蕉という名の前は、桃青って名乗ってたんだ。李白だから桃青だぞ。
＊李白は漂泊の旅だろ、芭蕉もそうだ。心が通っているんだ。
＊西鶴は大阪にいて旅なんてしないし、人間死んだら金の方が上だなんて言ってる。
＊いや、西鶴も放浪の旅をしていて、それが「好色一代男」に出ているのだって、西鶴調べたら出ていた。
＊でも、芭蕉と西鶴とでは、旅の様子がまるで違うんじゃないかな。野ざらしになっても旅に行くのかって、そういうところが。

◆補 芭蕉が尊敬した古人と推定される芭蕉以前の客死した旅人
西行（一一九〇、河内国弘川寺にて）、能因（一〇五〇?、摂津国古曽部にて?）
李白（七六二、洞庭湖近く岳陽にて）、杜甫（七七〇、安徽省当塗にて）

◆補 能因 陸奥への旅 一〇五〇?
西行 陸奥への旅 ①一一五〇まで? 二六歳から五年程 修行
②一一八六 六九歳 平重衡の南都焼き討ちで焼けた東大寺再建勧進
義経 藤原氏を頼る ①一一七四 一六歳（牛若丸） 奥州街道
②一一八六 二八歳 北陸道

◆6 李白を再確認

◆8《杜甫》七一二~七七〇、中国盛唐の詩人。字は子美。杜少陵、杜工部とも呼ばれる。律詩を大成したとされる。詩人としての最高の称の『詩聖』と後世の人は呼んで、李白と並び称される。

詩文の家に生まれる。幼時から詩文を作る。文人と交わり、三〇代に李白とも交友。科挙その他の官試を受けるが不合格。四〇歳を過ぎて官に仕えるが、安禄山の乱で長安が壊滅、脱出後捕らわれて幽閉される。逃れて官に着くが左遷され官を捨てる。処方をめぐり、貧にあえぎ、長安に帰る途中で客死。

◆9《西行》一一一八〜一一九〇　藤原秀郷の9代目の子孫。家系は代々衛府に仕え、鳥羽院の北面の武士としても奉仕していたことが記録に残る。和歌と故実に通じた人物として知られていたが、二三歳で出家して円位を名のり、後に西行とも称した。出家後は心のおもむくまま諸所に草庵をいとなみ、しばしば諸国をめぐり漂泊の旅に出て多くの和歌を残した。讃岐国に旧主崇徳院の陵墓白峰を訪ねてその霊を慰めたと伝えられ、これは後代上田秋成によって『雨月物語』中の一篇「白峰」に仕立てられている。なお、この旅では弘法大師の遺跡巡礼も兼ねていたようである。また特に晩年東大寺再建の勧進を奥州藤原氏に行うために陸奥に下った旅は有名で、この途次に鎌倉で源頼朝に面会したことが『吾妻鏡』に記されている。東大寺勧進のため二度目の奥州下りを行い、伊勢に数年住ったあと河内弘川寺（大阪府河南町）に庵居。建久元年（一一八九年）にこの地で入寂した。かつて「願はくは花の下にて春死なん　そのきさらぎの望月のころ」と詠んだ願いに違わなかったとして、その生きざまが藤原定家や僧慈円の感動と共感を呼び当時名声を博した。（ウィキペディアより抜粋引用）
　百人一首＝＝なげけとて月やはものを思はするかこち顔なるわが涙かな

◆10「おくのほそ道」の他部分にある西行
「象潟」　先能因嶋に舟をよせて、三年幽居の跡をとぶらひ、むかふの岸に舟をあがれば、「花の上こぐ」とよまれし桜の老木、西行法師の記念をのこす。
［西行　象潟の桜は波に埋れて花の上漕ぐ海士の釣り舟］
「遊行柳」　清水ながるゝの柳は、芦野の里にありて、田の畔に残る。
［西行　道のべに清水流るゝ柳かげしばしとてこそ立ちどまりつれ］

◆11《能因》九八八～一〇五〇？　平安時代中期の僧・歌人。俗名は橘永愷（たちばなのながやす）。近江守・橘忠望の子。官吏を辞して出家し、甲斐国や陸奥国などを旅し、多くの和歌作品を残した。『後拾遺和歌集』以下の勅撰和歌集に六五首が入集している。歌集に『能因集』があり、ほかに私撰集『玄々集』、歌学書『能因歌枕』がある。風狂の逸話が多く、特に、日焼けして奥州への旅を装い、「都をばの歌を詠んだとする話はつとに知られる。（個人ＨＰより引用）
（補）大阪府高槻市に平安時代築造の古墳（能因法師墳）があり、ここに住んだと伝わる。百人一首＝＝あらし吹くみ室の山のもみぢばは竜田の川の錦なりけり「後拾遺集」

◆12「おくのほそ道」の他部分にある能因
「象潟」先能因嶋に舟をよせて、三年幽居の跡を・・・（前掲◆10）
「武隈の松」　先能因法師思ひ出。往昔むつのかみにて下りし人、此木を伐て、名取川の橋杭にせられたる事などあればにや、「松は此たび跡もなし」とは詠たり。

［能因　武隈の松はこのたび跡もなし千歳を経てやわれは来つらむ］

「白河の関」秋風を耳に残し、紅葉を俤にして、青葉の梢猶あはれ也。

［能因　都をば霞とともにたちしかど秋風ぞ吹く白河の関］

◆8〜12

＊なんかどこでも作品とその場所の紹介ばっかり。

＊感激したという自分のことを書いてないんじゃない。

＊有名人だし、東北に来た人は少ないから、そういうことで尊敬してたんだ。

＊辺鄙で行く人の少ない東北の旅行記だから、こういう人のこと書かなければ、「おくのほそ道」読んでくれる人がいなくなる。

＊とにかく西行や能因の行ったどこでも、芭蕉自身は句を作っていないんだ。

◆13　「おくのほそ道」松島

抑（そもそも）ことふりにたれど、松島は扶桑（ふそう）第一の好風（こうふう）にして、凡（およそ）洞庭（どうてい）・西湖（せいこ）を恥ず。東南より海を入て、江の中（うち）三里、浙江（せっこう）の潮をたゝふ。島々の数を尽して、欹（そばだつ）ものは天を指（ゆびさし）、ふすものは波に匍匐（はらばう）。あるは二重にかさなり、三重に畳みて、左にわかれ右につらなる。負るあり抱るあり、児孫愛すがごとし。松の緑こまやかに、枝葉汐風に吹たはめて、屈曲をのづからためたるがごとし。其気色（けしき）、よう然として美人の顔（かんばせ）を粧（よそお）ふ。ちはや振神のむかし、大山ずみのなせるわざにや。造化の天工（てんこう）、いづれの人か筆をふるひ、詞（ことば）を尽さむ。

◆14「蕉翁全伝附録」（作った句を記してある）

「松島は好風扶桑第一の景とかや。古今の人の風情、この島にのみおもひよせて、心を尽し、たくみをめぐらす。をよそ海のよも三里計にて、さまざまの島々、奇曲天工の妙を刻なせるがごとく、おのおの松生茂りて、うるはしさ花やかさ、いはむかたなし。

島々や千々に砕きて夏の海」

◆13～14

＊「おくのほそ道」では誰かが書くさなんていっていて、でも実際は松島で句を作っていたんだ。

＊それなのになぜ「おくのほそ道」には載せないんだ。

＊あまりうまくできなかったと思ったのさ。

＊千々に砕きてって、いいじゃない。

＊あんまり素晴らしい眺めだったから、句にならないと投げた方がかっこいいんだ。

＊「景にあいては唖す＝いい景色にあうと言葉が出ない」というのが中国の詩人たちの決まり文句だったたって、どっかに書いてあった。

＊句を作らなかったという方が、芭蕉の気持ちにぴったりだったということかな。

＊ほかでもそうだったのかな。

＊白河でも句を作ったのに「おくのほそ道」には載ってないって、芭蕉ドットコムにあった。

＊蕉風っていう俳諧の作り方を新しく始めたんだろ。それまでとどう違うのかな。その蕉風として

うまい句ができなかったんじゃないかな。いいとか悪いとかよくわからないけど。

【注記】松島では、会える予定で尋ねた大淀三千風に会えなかった。会えなかったから「おくのほそ道」には記述されなかったのか、会っていると記述が変わった可能性ありそう。冒頭で「松島の月」という裏に三千風の存在があったのか。煩雑であり、確証もないので、ここでは取り上げなかった。

【注記　補資料】師のいはく、「絶景にむかふ時は、うばはれて不叶。ものを見て、取所（とるところ）を心に留て不消。書写して静に句すべし。うばはれぬ心得もある事也。其おもふ処しきりにして、猶かなはざる時ハ書うつす也。あぐむべからず」となり。師、まつ嶋に句なし。大切の事也。（「三冊子」忘れ水　服部土芳著　一七〇二年ごろ成立　一七七六刊）。

◆15　「おくのほそ道」の完成（自作）

大垣着で「おくのほそ道」の旅を終え、翌年江戸にもどった芭蕉は、さらに二年後の一六九二年にこの旅の文を起筆し、二年かけて一六八九年八月下旬完成、一六九四年四月清書に回したと記録されている。没後一七〇二年に「おくのほそ道」は京都書肆井筒屋より刊行されている。

最近、阪神大震災が契機で発見された自筆本には、何か所も、何度もの、修正跡があるという。

＊帰ってから、ものすごく工夫して、格好いい形に拵えたんだ。

＊でも、コースまでは変えてない本当のことだろ。

＊行かなかったところを入れてはいないけど、行ったところで書いてないところがいくつかあるっ

て、書いてあった。

＊完成と清書と刊行の間ってずいぶん長いけど、なぜなのかわかってないのかな。

### 課題2 「千じゆと云所にて船をあがれば」「人々は途中に～～みゆる迄はと見送」
### ――どっかに似た情景があったようだが

◆（教材本文確認）千じゆと云所にて船をあがれば、～～ 行春や鳥啼魚の目は泪

◆16 元二（げんじ）の安西（あんせい）に使するを送る　　王維

渭城朝雨潤輕塵　　渭城（いじょう）の朝雨（ちょうう）輕塵（けいじん）を潤し

客舍青青柳色新　　客舎（かくしゃ）青青（せいせい）柳色新たなり

勸君更盡一杯酒　　君に勧む　更に尽くせ　一杯の酒

西出陽關無故人　　西のかた陽関（ようかん）を出ずれば故人無からん

（訳）（昨日は見送りの友人たちと長安の都を出て渭水を渡り対岸渭城の町で別離の宴を張って泊まった。その）今朝、朝の雨が軽い砂ぼこりをしっとりさせている。旅館の柳の葉の色は雨に洗われて青々としている。（別れには枝を折って贈る習わしから、別離を象徴するその柳の色だ。いよいよお別れだ。）さあ、ここでもう一杯酒をのめよ。西の方、あの陽関を出ると、もういっしょに酒を飲み交わす友だちもいなくなるから。（なお、柳リュウは、音で留に通じ、引き留める意を裏に持つ。中国流の掛詞。）（この詩は陽関三畳とも呼ばれ、別れの歌として歌われる）

＊江戸と千住、長安と渭城って、距離や位置関係がそっくりなんだな。
＊見送りの人たちと別れて、さあここからいよいよ知らない土地へ行くんだって、よく似てる。
＊柳の葉が濡れて泣いているようで、こっちは鳥や魚が泣いている。
＊でも、地図で見ると、千住って船をあがってから宿場に入るんだぞ。宿場の手前で別れてるみたいな書き方って、おかしいぞ。
＊別れたのは宿の出口に決まってるのを、そこは略して縮めてるからそう読めるんだ。
＊それでも、千住の宿場の出口の辺りじゃ魚はいないよ、川がないから水がない。
＊場面全体として別れの涙の気持ちが大事なんだ。
＊その雰囲気を表すために、王維の別れの詩を使ってWイメージってやつだ。
＊そうすると「幻の巷に」って、この場面が幻なのか？　見送りの人がほんとにいたか記録はないのかな。

◆17　「鳥啼魚の目は泪」の発想は「春望」の句を受けているのではないか。（この項自作）

＊既習の再確認　杜甫「春望」の二つの読み方

時に感じては　花にも涙を濺ぎ　別れを恨んでは　鳥にも　心を驚かす
時に感じて　花も　涙を濺ぎ　別れを恨んで　鳥も　心を驚かす
感動して花を見ても涙が出る　別れの悲しさで鳥が飛んでもはっとする
感動して花も泣いている　別れを惜しんで鳥もいつもと違う声で鳴いている

◆補　「鳥啼魚の目は泪」の発想を杜甫「花濺泪　鳥驚心」のうつしとみるなら、芭蕉はこの詩の花や鳥を、対象（目的語）としてでなく、後者のように主語として読んでいる。解釈に二説あることも知っていて主語ととる方をあえて選んでいるのかどうかはわからないが、擬人化することで情動の大きさ（の描き方）は変わるのではないか。


*花と鳥が、鳥と魚になっているんだ。

*「春望」は、高館の所で出てくるよね。最初にも出て、ラストも出てるのかな。

*旅に出る芭蕉が泣いてるのか、送る人が泣いてるのか、花や鳥や魚が泣いてるのか。

*「人々は～～見送なるべし」だから、送る人は別に泣いてなんかいない。鳥と魚は泣いてると書いてある。芭蕉は、「幻のちまたに離別の泪をそゝぐ。」だから泣いている。

*主語が問題なのは、杜甫の詩の方だ。「春望」の別れって、旅に出発するんじゃなくて、別れている状態のことだろ。だから主語は杜甫だ。

*芭蕉さん行ってらっしゃいって、鳥や魚が手を振って泣いてるって、いい場面じゃないか。

*ひょっとすると、芭蕉は、人間より鳥や魚の見送りの方が嬉しいんじゃないかな。

*江戸より、みちのくの方が鳥も魚もずっと多いぞ、たぶん。

**課題3 「鳥啼魚の目は泪」**
**――鳥や魚はどこにいる？ 絵に描いてみると**

◆芭蕉の旅立ちの絵を描いてみよう。川の中の魚も近くの鳥や花も描くとどんな絵になるかな。

◆「そゞろ神の物につきて心をくるはせ」「もゝ引の破をつゞり、笠の緒付かえて、三里に灸すゆるより」も描いたらどうなる？　いつのことかを分かるようにするのが難しいね。

◆「おくのほそ道」で芭蕉はふざけているの？

＊まるで漫画。隅田川の水のなかで泳いでる魚が、涙流したって、水の中だよ、どうしてわかるの？

＊シンクロスイミングだよ、他の魚が支えて、水の上まで体が出てて、涙が落ちるのが見える。

＊漫画だから、一匹だって、水の中だって、そんなのどうでもいいんだ。魚が泣くのが見える。

＊絵にすると、水の外にいないと、描けないよ。

＊鳥獣戯画って、平安だったっけ、この時代でも知られていたのかな。

＊江戸時代だって、浮世絵かなんかにお化けの絵とかあったそうだ。

＊芭蕉は自然や自然の中に生きてるものを、好きというか、大事に思っているんだ。だから、鳥や魚に見送ってほしいんだ。

＊魚が涙を流すなんて滑稽じゃないか。それがいいんだ。ふざけるのとはちょっと違う感じ。

＊灸は出発するすぐ前とか歩いた後とかに据えるものだろ。立春のころ灸据えて、三月末に出発なんておかしいよ。

＊鍼と灸が予防治療としていいって、最近流行ってるらしいよ。だからいつ据えたっていいんだ。

＊春立てるは、立春じゃなくて、霞の枕詞だから使ってるのだろ。

＊もう早くっからそわそわしてる様子を、面白く描いているってこと。

＊「もゝ引の破をつゞり、笠の緒付かえて」ってあるけど、芭蕉は貧乏なのかな。それとももった

いない主義かな。

＊大旅行なら、普通は新調するよね。

＊お大尽の贅沢旅行なら、なんでも金任せだろうけど、このころは、誰でも、まずあるものを使って、ボロボロになったら買い替えるのが当たり前だった。

＊こういう描き方の方が滑稽だからじゃないかな。

**【提起者の教材観・めあて】**——芭蕉の旅とその描き方について、

芭蕉は、「野ざらし紀行」に見るように、行倒れを当然の姿と思い定めながらも、その旅に出発する。李白や荘子や高僧の言を引くのは、その虚無・無常の内面への憧れも感じられるが、当時の文人に共通していた面もあるのかもしれない。死を覚悟した旅は、自分の俳諧の修行でもあり、尊敬する先人の生き様を確認しているようでもある。そういう自らの姿を「おくのほそ道」で自画像風に描き出している。多くの著名人のうつしで、例証的に、またダブルイメージ的に、増幅して描いている。そして、その描きかたが戯画化されて滑稽味を持っている。そう描き出すこと自体もまた目的であったろう。こうしたことのいくらかを、生徒が自分なりにとらえてほしい。

**課題4「国破れて山河あり」「兵どもが夢の跡」**
**――芭蕉の感慨はどういうものだったのだろう**

＊　杜甫の戦争観についての既習「兵車行」などを前提にする。

◆《教材文》（高館）
三代の栄耀一睡の中にして　～　夏草や兵どもが夢の跡　卯の花に兼房みゆる白毛かな　曽良

◆「春望」杜甫　再確認　思い出すためのいくつかのやり取りを挿入したい。

＊「兵車行」で戦いに駆り出される兵士やその家族の苦しみを怒りを持って描いた杜甫は「春望」では我が身の悩みとして戦いでの世の乱れ＝戦乱をうたった。それを芭蕉は引いている。

◆ここで芭蕉が見ているもの　確認
・高館＝義経主従が藤原氏の一部に攻められて滅んだところ、その藤原氏も間もなく滅ぶ。
・北上川＝「夷をふせぐとみえたり」から、藤原氏と蝦夷との関係も芭蕉の視座の内にある。

◆曽良の兼房の句を載せている

◆18　十郎権頭兼房（じゅうろうごんのかみかねふさ）は、室町時代初期に成立した軍記『義経記』に登場する架空の人物。源義経の北の方（正室）である久我大臣の姫の守り役で、元は久我大臣に仕えた武士。義経の都落ちに北の方と共に付き従う。平泉の義経最期の場面では、北の方とその子である5歳の若君・亀鶴御前と生後7日の姫君を自害させ、義経の自害を見届けて高館に火をかける。「兼房が最期の事」の章で、敵将長崎太郎を切り倒し、その弟次郎を小脇に抱えて炎に飛び込み壮絶な最期を遂げた。六三歳。なお、兼房が登場するのは義経記のみで、義経の北の方とされる久我大臣の姫、その子亀鶴御前と生後間もない姫君などいずれも架空の人物。（ウィキペディア抜）

◆19「おくのほそ道」小松
この所太田（ただ）の神社に詣（もうず）。真盛（さねもり）が甲（かぶと）・錦の切（きれ）あり。往昔（そのむかし）源氏に属（しょく）せし時、義朝公よりたまはらせたまふとかや。げにも平士（ひらさむらい）のものにあらず。目庇（まびさし）より吹返（ふきがえ）しまで、菊唐草（きくからくさ）のほりもの金（こがね）をちりばめ、龍頭（たつがしら）に鍬形打ったり。真盛（さねもり）討死の後、木曽義仲願状（がんじょう）にそへてこの社にこめられはべるよし、樋口の次郎が使せしことども、まのあたり縁記にみえたり。
むざんやな　甲（かぶと）の下の　きりぎりす

◆20　斎藤 実盛（さいとう さねもり）は、平安時代末期の武将。実盛は初め義朝に従っていたが、やがて義賢の幕下になる。義朝の子・義平は、義賢を急襲してこれを討ち取ってしまう。実盛は再び義朝・義平父子の麾下に戻るが、一方で義賢に対する旧恩も忘れておらず、義賢の遺児・駒王丸（のちの義仲）を駒王丸の乳母を妻とする信濃国の中原兼遠のもとに送り届けた。
保元の乱、平治の乱では義朝の忠実な部将として奮戦する。義朝滅亡後は、関東に落ち延び、平氏に仕え、東国における歴戦の有力武将として重用される。そのため、義朝の子・源頼朝が挙兵しても平氏方にとどまり、平維盛の後見役として頼朝追討に出陣する。平氏軍は富士川の戦いにおいて頼朝に大敗を喫するが、これは実盛が東国武士の勇猛さを説いたところ維盛以下味方の武将が過剰な恐怖心を抱いてしまい、その結果水鳥の羽音を夜襲と勘違いしてしまったことによるという。

維盛らと木曾義仲追討のため北陸に出陣するが、加賀国の篠原の戦いで敗北。味方が総崩れとなる中、覚悟を決めた実盛は老齢の身を押して奮戦し、ついに義仲の部将・手塚光盛によって討ち取られた。出陣前からここを最期の地と覚悟して、最後こそ若々しくという思いから白髪の頭を黒く染めていた。そのため首実検の際にもすぐには実盛本人と分からなかったが、髪のことを樋口兼光から聞いた義仲が首を洗わせたところ、白髪に変わったため、その死が確認された。かつての命の恩人を討ち取ってしまったことを知った義仲は、人目もはばからず涙にむせんだという。『平家物語』巻七に「実盛最期」の一章となっている。（ウィキペディアより抜）

◆1　再「（墓は）木曾殿の隣に」

◆義仲の寝覚めの山か月かなし（一六八九元禄二年八月一四日　名月の夜）

「おくのほそ道」福井県今庄町燧が山で（を仰いで）の作。文からは外された。荊口句帖にある

倶利伽羅峠で越前の燧ヶ城を望み見て、燧ヶ城で倶利伽羅峠を望み見て　との説も。

燧が城には義仲の墓があったという。

◆木曾の情（じょう）雪や生えぬく春の草『芭蕉庵小文庫』（義仲寺の芭蕉庵）元禄四年一月

◆補　風光よし、交通に便、友人子弟付近に多い、などが墓の位置の実利的理由との説もある。

◆補　義経・兼房・実盛・義仲　の　不思議な共通点

・源氏に縁がある　というより　一族の中といえる位置にいて、

・兄弟・主従などのちか(親・近)しい間での殺し殺される関係の中に置かれてしまい、
・悲運の戦闘のなかで、
・烈しく勇ましく戦って
・いずれも悲壮な死をとげる。

◆補 平曲・平家物語の世界を事実として認識していたと思われるなかでの、芭蕉の感慨であること
◆補 西行が同時代人
◆補 「木曽の情」の句は、木曽：兵ども 情：夢 春の草：夏草 と考えると、「夏草や」の対の句になる。この句が残されたのが義仲寺であっても、おくのほそ道の旅で作っていた可能性は？
◆補 そうすると、おくのほそ道の旅は、大垣でなく、義仲の加賀・敦賀あたりで終わっていたのではなかろうか、と考えたくなるが、「おくのほそ道」に載せていないのでは成立しない。

**【提起者の教材観・めあて】**——芭蕉の戦争観

旅立ちの場面でも杜甫の春望からの発想と思えるものがあり、ここ最遠到達地点の高館ではっきり杜甫の語句を引いていることから、芭蕉の感慨が杜甫を踏んで述べられたと考えないわけにいかない。つまり、芭蕉は、杜甫と比べて自分の見方はこうだという形で詠んでいるということになる。

戦いで世が乱れ通信も滞り人間世界が荒れているのに自然の四季はきちんと変わらずに動いている、その対比で「春望」は歌っていると受け止められる。つまり、後半部にあるように、自分の身分や家族との安定した生活を平和の象徴、と杜甫の平和観を読む。芭蕉が「春望」以上に「兵車行」までを読んでいたかどうかわかることではないが、江戸期の高級教養の必須教科書的詩人としてより以

上に、心酔していたといわれるから、芭蕉が「兵車行」を読んでいた可能性は低くはない。戦乱を民の苦しみとみる杜甫のいう「国破れて」をどう受け止めていたろうか。また、どういうつもりで引いているのだろうか。（「草青みたりと」は引用であることを示しているともとれる。涙を流した感動の中身とも取れる。）

芭蕉が見ている（取り上げている）のは、敗戦・破壊の「義臣すぐつて此城にこもり、（だが、負けて死に絶えて）功名一時の叢となる」その草である。いうならば、生と死との対比で述べている。「むざんやな甲の下のきりぎりす」の無残は、実盛なのか、戦争あるいは武士なのだろうか。杜甫の戦乱への思いに芭蕉が同感するのは、甲ときりぎりすの対比・組み合わせに無惨を感じるように、戦いの一時性と植物など自然の常時性・永久性と対比しての無意味さを感じているのではなかろうか。

杜甫が戦乱そのものの我を含む人々への影響を見つめているのに対して、芭蕉はそれらを越えて（越えるためにか）戦いという人為の空しさへ自然と対比する形で目を向けていることが違いであると思える。芭蕉も、平時の子であった。

（こういう感慨の持ち方が、季語という作句法——世事・人事をも自然・季節を介して詠う——を生んでいくのだろうかとも思う。）

そういう投げかけをするなどの上で、読者生徒の考えを、お互いに交流させてみたい。

（執筆　二〇一六年）

論考

# 「国体護持」と平和教育
## 「走れメロス」にふれて

森本真幸

## 一 「母語」と「平和のとりで」

一九四五年一一月に語られて作られたユネスコ憲章の「戦争は人の心のなかで生まれるものであるから、人の心の中に平和のとりでを築かなければならない」は、多くの人の心を打つことばとしてしばしば引用されている。だがそれだけに、とりでを築くいとなみが、きわめて簡単に、いわば感情的にとらえられている思いがある。現実にそれがどのようないとなみで、何が問題かを考えた文章を、私は思い浮かべることができない。

一人ひとりの心にとりでを築くということは、まわりがすべて戦争に向かっているか、少なくとも無関心ということである。しかしそれは、決して他人事ではない。今私たちの身の回りの人たちに、「戦争について、今本当にどう思っているのか」とたずねた時に、「絶対に有ってはいけない」と考えている人が何人いるのか、疑わしいと思っている。日米安保条約を結び、世界第五位とも言われる自衛隊を持って、片方では「憲法九条は大切だ」と言っている多くの日本人は、自分の心の中に「平和のとりで」を持とうなどと考えているのだろうか。

「警察予備隊」「保安隊」などが作られたころ、「徴兵反対」「恋人を戦場に送るな」といったことで、学生・生徒たちが真剣に考えていた。その点では、現在の志願兵方式の自衛隊であれば、就職難の人たちが行けばよいということで、取り合えず安心しているはずである。平和のとりでを築くなどというわけのわからぬ取り組みに悩む者などいるはずが無い。

だが一方で、私はこんなことを思い出している。

戦争中、一回だけではなかったが、「兵隊さんたちが戦死するとき、新聞では「天皇陛下万歳」といって戦死したと書いてあるが、あれはうそだっていう話だ。一〇人のうち九人は、「お母さん」といってなくなるんだって」といったことを、小声で、しかもうれしそうに話してくれた。それを聞いた時、小学生か中学生だった私も、とてもいいことを教わった気になった。「平和のとりで」というのがそんなものをさすのだったら、何か誰でももてそうな気がする。

または、杉並のお母さんたちが始めたという、原水爆実験禁止の署名は、私も署名を集めたりしていたけれど、とてもあたり前のことを、気軽にやっていた感じがした。これは「平和のとりで」を築くことではないのだろうか。

この二つのできごとで大切だと思うのは、これらがとりでを築くことだったとすれば、平和についての認識が具体的に考えられていたことである。そしてそれらは話し合うなかで確認され、その人たちの人間の見方の一つになったはずである。そして言語の問題で言えば、それが「母語」によって語られたことである。

言語の授業を「国語」と呼んでいる日本では、「母語」ということばは研究者だけのものになっている。だが、「母語」は、母親によって生きていく方法を学びながら学んだことばであり、地域の人や友だちとの交わりのなかで協力し合う関係を持ちながら学んだ生活のことばである。もちろん学校で学んだ標準語や国家語やメディアから伝わる情報語や市場語、各種の教育機関や職場など多様な関係のなかで学ぶ外来語や外国語などによって、母語はさらに発達し、豊かになるのだが、その人間の認識形成の基礎を作っているのが「母語」である。平和について話し合う時、多くは標準語、国家語、情報語、外来語で対話することが多い。しかし、一人ひとりの心の中に築かれるのだとすれば、それはそれぞれの母語に結びつく形で、わかりやすいことばで、具体的な事実に即して、自分が認識していることがらを表現するものでなければならないと思う。それは多分、生活綴方が子どもたち一人ひとりに、自分のことばで書かせることを教え、それをクラスのなかで交流していった中に、一つの具体的な姿があるのではないかと考えている。

さらに、たとえば〝広島〟を契機に広まった、たくさんのことばがある。「水をください」「人間を返せ」「原爆許すまじ」「安らかに眠ってください　過ちは　繰り返しませぬから」――これらはすべて「母語」である。そして、強く人の心に迫ってくる。もちろん「過ち」の主語は誰なのか、「繰り返しませぬ」と誓っている主体は誰なのか、という問いかけが問題になってくるが、主語を明示することが条件付けられていない「母語」であり、それは文脈のなかで（それはことばの流れであることもあるし、語り手と聞き手の関係であることもあるし、社会的状況であることもある。）判断する言語なのである。

さらに「ノー　モア　ヒロシマ」という片仮名語が、全世界で語られたという歴史的経過をふくめて、片仮名で、またはローマ字によって、「母語」として残されていくことを、心から期待するものである。

一九九九年の国連総会決議「平和の文化に関する宣言」では、「平和」という概念を「争いがない」というだけでなく、「対話がはげまされて」「相互理解と協力」による「積極的な参加の過程」と考えて、「平和の文化」こそ重要だとした。これで考えると、先に引いてきた「母語」は、広い意味での「平和」と結びつくところが多い。これに対して、「国家語」や「情報語」は、対話によって平和について考えを深めることも可能だが、一方でグローバル化された競争社会のなかで「受験」「企業」「官僚」などのなかで争い、生き抜いていくための武器である側面も持ったいる。その点で、平和と結びつくこともあれば戦争と結びつく面もある。社会現象や倫理に対して中立的存在である言語の特徴を十二分に所有しているかもしれない。

ただ注意したいことは、「母語」はすべての場合に平和的であるということではないことである。たとえば一五年戦争よりずっと以前から、「チャンコロ」「チョン」といった差別語によって、中国人や朝鮮人を侮辱しただけでなく、差別化を強めてきた。これは方言でも同様で、方言を正しく使えないものを孤立させてきた。「母語」が地域や家やその生活と密着していることで、人種・地域・階層などの差別化とどう向き合うかが、課題となっている。文科省は、方言は大切だと強調しながら、標準語と国家語によって「母語」を補助的な言語として処理しようとしている。

「平和の文化に関する宣言」では、先に述べたような「平和の文化」の内容を、戦闘行為とは一見無関係な「価値観、態度、行動の伝統や様式、あるいは生き方のひとまとまりのもの」ととらえて、社会のあり方をふくめて検討することを提案した。そして第一条で平和の文化の具体的な内容に関して、（a）教育や対話、協力を通して生命を尊重し、暴力を終わらせ、非暴力を促進し、実践すること、をはじめとして（c）人権と基本的な自由、（g）女性および男性の平等、（h）表現や意見、情報の自由、（i）自由、正義、民主主義、（以下略）をあげている。これは米、英、仏などで憲法にも記されている基本原則なのだが、日本では近代国家が生まれ憲法が作られる過程で、個人の自由や基本的人権や政治上の民主主義の原則が厳しく確認されることがなかったために、これも平和と関わるのかという目新しさが感じられる。これと対照的に、日本ではポツダム宣言の受諾が問題となったとき、無くしてならないものとして「国体の護持」だけが強調されたのである。

日本国憲法に、象徴天皇制が戦争放棄と対になるように入ってきたのも、皇室存続派の成果なのだろう。だが、新自由主義観に立つ人と同調し合うように、文部科学省も、「伝統の尊重」を強調するなかで、皇室復権と国家権力の増大が進行している。だがこれを単なる復古主義として黙殺してよいのか、「平和の文化」を志向する二〇～二一世紀の世界史の流れを混乱させる要素はどこにあるのか、検討してみたい。

## 二　昭和天皇の「国体護持」

「万世一系の天皇が支配し給う日本は神の国である」とか、「大東亜戦争は聖戦で、最後は神風が吹いて勝利する」などの話を、半世紀～一世紀前の日本人は、多少の違和感は持ちながらも信じていた。そこから、「大日本帝国の臣民である日本人は、国のために生命を捧げる」とか、「上の者の指示・命令にはかならず従う」といった倫理観が生まれた。さらに「敵を殺すことは必要なことであり、正しい行為である」とか、「日本には皇族、家族、氏族、平民、新平民、沖縄県民、アイヌ人、朝鮮人、台湾人、男子、女子、戸主、家族などさまざまの身分・地位がある」といった差別的な人間観が、「大日本帝国憲法」「民法」「教育勅語」「戦陣訓」などで部分的に裏打ちされながらも、大日本帝国に必要な考え方として厳然と存在していた。もちろんこれらは、富国強兵を目指した日本が植民地侵略型の軍事国家を作り上げるために選んだスタイルだった。そして、その国家の頂点にあるものとして、皇室への尊敬を前提とした天皇制が存在していたのである。

ただ、「教育勅語」では、日本は開国以来の「忠・孝」などの道徳が美しく続いてきたように述べられているのに対して、「軍人勅諭」では、天皇が軍隊を統治していた上代に比べて、貴族や武士が軍事力や政治を支配していたことを認めている。ここからすると、何百年間は不在でもよかったことになる。明治になって統治者となり、昭和の途中で象徴に変化していくこの「天皇の文化」は、日本列島という地域で生きた人々の歴史と、そこに住んだ人たちの多様で豊かな認識と、そこで語られたことばのさまざまな使用の姿とそこにこめられた心の動きを理解し、相対化するために、厳しく問い直すことが重要である。

天皇の矛盾がはっきりと表れてくるのは、一五年戦争に日本は結局勝利できず、収拾策が見えなくなってからである。天皇が個人的にどう悩んだといったことを全部省いて一言でまとめれば、日中戦争が始まって以来、大正デモクラシーとは反対の、戦争協力体制が作られていったことである。政府・軍部は強力に国体観念の徹底をはかり、軍国主義が全国民のものになるよう、宣伝や実行に力を注いだ。天皇が、二・二六事件で、自身が近衛兵を率いて討つ気持ちがあると述べたのには、若干の本音もあったように思われる。フィリピン敗北後出された和平交渉派の意見に対してどこかの戦線で勝利した後でないと有効でないと制止したために、沖縄の悲劇をさけられなかったということはよく聞かれるが、一撃論は一九世紀の戦略論で、国家の総合力がためされる二〇世紀ではあまり用いられていない。しかし、昭和天皇は戦後も、米国に沖縄基地の有用性について意見を述べるなど、戦争の話題を無責任に口にするのは、平和憲法下の天皇の行為としては望ましくないものである。

さて、四五年に近衛が「国体護持」の上奏をおこない、ソ連を通じての終戦工作をおこなうようになった後、昭和天皇は「国体護持」を中心にすべての活動を集約するようになる。これは大日本帝国の統治者である天皇が皇室として存続するための大きな賭けだった。もっとも恐れた民衆の手による終戦ではなく、天皇の主導権によって終戦を決定することだった。同時に、天皇制廃止を求める国際世論に対して、国民が天皇を見捨てていないという事実を演じることだった。昭和天皇はこの二つを、見事にやりきったのである。

米国政府は、天皇制維持によって日本支配を効果的におこなう方針を決定していたが、結局これをそのまま入れることはできなかった。しかし日本の外務省などと米国の政府内で、この点についての相互の気持ちが理解されているという思いは生まれていたが、それは可能性があると思えるという程度だった。しかし昭和天皇は、そこに皇室の未来をこめて行動した。（なお、ここで、天皇と書いてある所は、どこまでが天皇の意思で、どこが鈴木でどこが近衛など特定できないところが多いので、昭和天皇と和平派といった場合でも、昭和天皇の名前だけで記すことになる。ご配慮いただきたい。）

まず、ポツダム宣言の受諾は、天皇臨席の最高指導会議で行われた。そして天皇の発言を受けた、聖断が下ったという形で決定した。これは大日本帝国憲法の統治者の責任を全うしただけでなく、「一億民草の上に垂れさせ給ふ大御心」といったことばで語り継がれる手続きをとったのである。

一四日に記され、一五日に放送された「詔書」では「敗戦」ということばは一切用いておらず、「共同宣言を受諾」といういい方しか行われていない。「日本が負けるはずがない」とか、「降伏よりは死を選ぶのが大和魂」などといってきたので、明言できなかったのであろう。大日本帝国憲法では「和を講し」と述べていたが、日本の新聞はこれを「終戦」と報じた。「終戦」は「和を講し」同様、「敗戦」ということばの厳しさをなくし、戦争の問題をあいまいにするおそれがある。日本人による戦争犯罪の裁判が行われなかった理由の一つに現在も多く使われる「終戦」ということばの問題がある。そして、「平和のとりでを築く」ことも、「平和の文化」を進めることも、そこから始めなければいけなかったのだが、日本では、「国体の護持」にすり替えられたのである。

「詔書」は、四段目の結論の部分を「朕ハ茲ニ国体ヲ護持シ得テ」と書き起こしている。ポツダム宣言との関係を気にしながらも、皇室の存続をこの一文にかけたのであろう。最終段落の結びでも「誓テ国体ノ精華ヲ発揚シ世界ノ進運ニ後レサラムコトヲ期スヘシ爾臣民其レ克ク朕カ意ヲ体セヨ」と、国威発揚を繰り返して終わっているのである。

当然これを受けた内閣告示にも、「大東亜戦争に従うこと実に四年」としながら開戦や戦争の責任については何も述べずに「聖慮を以て非常の措置に依り其の局を結ぶ」と感謝した後に、今国民が心に掛けるべき所は「国体の護持」だと強調している。

新聞各紙も、ポツダム宣言の解説などを述べた後に、すべて「国体の護持」が課題だとしている。ただ、その内容については何も記されていないのである。こうして昭和天皇は、満州、中国に対する一五年間の戦争も、四年の太平洋戦争も、その災禍をとりあえず捨象してしまったのである。ただしこれは、昭和天皇による「国体護持」計画のスタート台であった。そして昭和天皇は、これを象徴天皇制として見事に軟着陸させたのである。（もちろんそれは、新しい支配者として出現した米占領軍の力を巧みに織り込んだ結果であることは言うまでもない。）

ことばについて言えば、詔勅の放送を聴いた多くの人々が「難しくて何もわからなかった」と述べていた。ポツダム宣言については「無視する」という公式声明が新聞に報じられていたので、何のことかよくわからなかった。まして「国体の護持」については唐突で、戦争の終了が述べられていると理解した人でも、これからの国民の使命が「国体の護持」だと実感した人はほとんどいなかったはずである。そのように、詔書を埋め尽くしていたのは国家語として使用されている漢語だけで、母語はどこにも見出せない。このように、戦前の公用語は、国家の維持のために用いられ、国民に指示し命令していたもので、家族の心を伝え合うことばや、生活の役に立つことばとは切れていたのである。

## 三　「国体」と「教育勅語」のことば

一五年戦争の末期、私は小・中学校で学んでいたが、当時「国体」ということばが出ると、いつも重苦しい思いを感じていた。今の「民主主義」と同様、国家のあり方をのべることばだったが、民主主義の意味には「人民が主権を持ち、人民の意志をもとに政治をおこなう主義」（新明解）といったような字面からも感じとれる明るさがあるのに対して、国体は村長とか軍人とか校長とかの威厳ある人が、命令調に語りかけてくる場面装置を背景にしていたのである。その私たちが、「国体」に向き合わされる機会になった多くが、「教育勅語」の暗誦だった。暗誦の中に「国体ノ精華」ということばが出てくるのだが、その意味がわからなくて、しかも聞きに行くとそれで叱られそうで、ひやひやしていたのである。

幼な心に私が感じた「国体」や、それが記されている「教育勅語」には、「厳かさ」というより「おぞましさ」があったのだと思うが、それは教育制度成立の過程に原因があると思われる。一八七二年の学制公布当初は、文明開化に向けて西欧の知識・技術の習得が尊重された。しかし、自由民権運動が盛んになるのに危機感を持った政府は、一八七九年「仁義忠孝」を中心とした「教学聖旨」の重要性を説き、一八八二年「幼学綱要」を修身書として全国に交付した。だがなお、教育への不満はおさまらなかった。一八九〇年二月の地方長官会議では、自由民権派や西欧思想の影響で徳育が困難だという報告とともに、勅諭の形式で教育方針を示してほしいとの要求が出された。首相山県有朋は、一八八二年「軍人勅諭」を発布して軍隊の思想統制を行った経験もあったため、文部省に原案の作成を依頼し、中村正直、井上毅、元田永孚などがそれぞれに作成した草案をまとめて、帝国議会開会直前に公布したのである。

この「教育勅語」の基本理念に、国体―皇室―天皇を考えるのは、明治政府の根本精神からきている。これは当然、反自由民権運動―欽定憲法公布と一貫した、政府の教育政策である。たとえば憲法の審議が枢密院で開始される日、議長の伊藤博文は帝国憲法に対する本音を率直に語っている。「今憲法ノ制定セラルルニ方（アタリ）テハ先ツ我国ノ機軸ヲ……確定セサルヘカラス。抑々（ソモソモ）、欧州ニ於テハ憲法政治ノ萌セル事千余年、独リ人民ノ此制度ニ習熟セルノミナラス、又宗教ナル者アリテ之カ機軸ヲ為シ、深ク人民ニ浸潤シテ、人心此ニ帰一セリ。然ルニ我国ニ在テハ宗教ナル者其力微弱ニシテ、一モ国家ノ機軸タルヘキモノナシ。仏教ハ一タヒ隆盛ノ勢ヲ張リ、上下ノ人心ヲ繋ギタルモ、今日ニ至リテハ己ニ衰退ニ傾キタリ。神道ハ祖宗ノ遺訓ニ基キ之ヲ祖述スト雖、宗教トシテ人心ヲ帰向セシムルノカニ乏シ。……我国ニ在テ機軸トスヘキハ、独リ皇室アルノミ。……此憲法草案ニ於テハ……君権ヲ機軸トシ、偏（ヒトエ）ニ之ヲ毀損セサランコトヲ期シ、敢テ彼ノ欧州ノ主権分割ノ精神ニ拠ラス。因ヨリ欧州数国ノ制度ニ於テ君権民権共同スルト其揆（ミチ）ヲ異ニセリ。……」

天皇主権を選択した人々の考えがよくわかる。仏教、神道の分析はよくあたっており、憲法で宗教国家と規定しても、国民に受け入れられなかったと思われる。同時に、ここで君権しかないと考えたのは誤りである。民主的な権力には、多様な可能性がふくまれているのだが、それを伊藤などは機軸とは考えずに敵対し、新政府として抑圧し続けたことに根本的な誤りがあったはずである。

尊皇攘夷と騒いでいた皇室や公卿勢力に王政復古令を出させ幕府を倒して（皇室が重宝に動いてくれるので、討幕派は天皇を玉と呼んでいたともいわれている）成立した新政府が、明治維新の政争のなかで、憲法で天皇を統治者に据えた発想から、さらに皇室を日本人の精神的統率の道徳の玉にしようと進めても不思議ではない。このようにして「教育勅語」は、文部省によって第一回帝国議会開会直前に公布されることになった。

「教育勅語」が主張したことは、日本の国体は昔から皇室と国民のすべての関係が正しく保たれていたということである。ところが、現実の問題として、明治維新で廃藩置県となるまで、ほとんど国民は、お殿様と呼ばれる藩主やそれに仕える武士と、そこで耕す百姓との関係で生きてきて、「日本」という国があることも知らなかった。「軍人勅諭」の場合は、律令政治が行われていたころは天皇が軍事面に直接関わっていたが、貴族政治以降それがなくなり、明治以降復活したとして、一応つじつまを合わせている。ところが、「教育勅語」では、天皇家と国民との関係を示す例が出せないので、「日本書紀」第三の神武天皇が即位のときに「八紘（あめのした）を掩（おほ）いて宇（いえ）にせむ」といった例を引用している。ただしこの話は、直前の所に、「自分は東の方を征（う）ちにいって六年経過し、たくさんの敵が殺された」と、都を作ろうとした天皇家の軍隊とその地に住む人々との戦いについて述べて、「辺（ほとり）の地方はまだ治まらないし……」とこれからの戦争を予告までしている所で、ここに都を作ろうとしたというだけの、史実として確かめようもない話である。「教育勅語」は、「皇祖皇宗」などといかにも実在した人のことを説明するように冒頭部に言い出して、第三段で「皇祖皇宗」が言い置いたことばのようにのべているが、「日本書紀」にはどのような生き方をしろといったとは何も記されていない。このようなあいまいなものの言い方は、ここに限らず多用されている。特に漢字の使い方、漢語の多用など、一般の小中学生に分からないことばを並べ立てて、結果として中心点をごまかしてすり抜けていくのが、「教育勅語」の基本的なレトリックである。

「教育勅語」では、日本の国民（「大日本帝国憲法」では主君と臣下の関係だとして「臣民」ということばを用いている）の教育の基本理念は「忠君愛国」だと伝えようとしている。ただし「自分に忠義を尽くせ」とはいえないので、「我臣民克ク忠ニ克ク孝ニ億兆心ヲ一ニシテ世々厥ノ美ヲ済セルハ此レ我カ国体ノ精華ニシテ教育ノ淵源亦実ニ此ニ存ス」と、これまでの歴史を総括するように道徳の理想を述べ、教育の本質はこの忠孝にあると間接的にのべるのである。従ってここは「教育勅語」の中の中心部だといえる。

ただし、本当に真剣に「教育勅語」を読むのならば、いつの時代にどのように行われたのかが問われるべきである。日本人のほとんどが日本という国を知らなかったのに、どのようにして天皇に忠義を尽くしたのかが問題である。この疑問が出されなかったのは、「忠」と「孝」が並列して書かれているので、誰でも親に対しては「孝」の気持ちを持つというところから、「忠」の思いもあったと錯覚した人もいたかもしれない。だがそれ以上に考えられるのは、この解説で教師が、「ご先祖様はみな天皇に忠義を、親に孝行を尽くしたのだ。お前たちもするんだ。」と述べて、生徒が従順に聞いていたのだろうと思う。

そもそも「教育勅語」は、公布のときから奉安殿に置かれ、天皇の写真である「ご真影」とともに大切に保管されていた。そして儀式の日になると、校長が生徒の前で、白い手袋をはめた手で広げて、一種独特の調子をつけて朗読し、ありがたいものだと思わせてきた。これが毎年数回繰り返されるなかで、「臣民」と呼ばれる自分たちの先祖は、皆このように天皇をあがめ、忠義の心を持ったと思い込ませるわけで、明らかに、「集団麻酔効果」である。したがって、明治天皇が全国行脚旅行をするまでまったく天皇の存在を知らなかった人々まで、自分たちの親は天皇に忠誠を尽くしてきたと錯覚したのである。

「爾臣民」以降、「父母ニ孝」「兄弟ニ友」と、身近な道徳があげられている。生徒たちはそれを数え上げて、「なかなか良いことを教えてくれている」と思って、少し好奇心を持ちながら聞いていくのである。ここでも勅語なので、自分に対して「君ニ忠」と言っていないのである。

ところが、それ以上にここにはこわい仕掛けがある。身の回りの道徳を「学ヲ修メ」「業ヲ習ヒ」「知能ヲ啓発」「徳器ヲ成就」と述べた後に、実にさりげなく、「進テ公益ヲ広メ」「世務ヲ開キ」「国憲ヲ重シ」「国法ニ遵ヒ」と、公のことに、そして国家のことに話題を転じるのである。こうしておいて「一旦緩急アレハ義勇公ニ奉シ」という言い方で「戦争の時には勇気をふるって全体のために自分の身を捧げよ」と、はっきり戦死の決意をさせるのである。ここに「忠義」という言い方で隠していた、「国家が戦争をすれば、国民は進んで犠牲になるのが当然である」という本音が、「教育勅語」に記されていることを特筆すべきである。

同時にこれに続いて、「以テ天壌無窮ノ幸運ヲ扶翼スヘシ」と述べて、戦争で死ぬことで、天皇家の永遠に続く運勢を助けるように強制しているのである。私はこのことばに、戦時中多くの若者が、「天皇陛下のために一身を犠牲にします」「身を捧げて皇国の御栄えのために尽くします」などと言って死んで行った姿を思わずにはいられないのである。

だが、ことばが人々の認識を変えてしまうのは、青少年期だけではない。一八九〇年に始まった「教育勅語」による洗脳は、小学校では修身、国語、国史、唱歌などの教材や、礼儀、作法、修学旅行、祝祭日その他の生活指導などによって、それを徹底させる指導が続けられた。さらに勅語謄本を火災から守ることとか、謄本への拝礼を行わなかった者への懲罰（内村鑑三の退職）など、勅語を神聖化する慣行が定着していき、学校教育のなかでの生活や道徳の指導は天皇崇拝を基本としておこなうべきだという「教育勅語体制」が広まっていった。

こうしたなかで、「日本は万世一系の天皇家が支配する神国だ」と言うことを中心に国家を運営すべきだと言う「国体論」が強調されるようになり、一九二五年には、「国体を変革」することを目的とした結社への参加者・同調者を厳しく処罰する「治安維持法」が成立し、多くの社会活動家が投獄され、殺された。一九三五年には貴族院で陸軍中将菊池武男が、当時司法界・学界で公認の定説とされていた「天皇機関説」を、「天皇を虚器とするもの」と攻撃した。衆議院本会議は、「国体の本義を明徴に……するは刻下最大の要務なり」として、政府に「崇高無比なる我が国体と相容れざる言説」

に断固たる措置を要求したために、美濃部達吉は貴族院議員を辞任、著書は発売禁止となった。そして初等教育には、天皇を神格化する考え方がさらに強まっていった。これらの動きの源泉が「教育勅語」の「皇祖皇宗」「国体の精華」で、これらが勅語として出されたために、史実としても道徳としても一切検討されぬままに、日本の真実として、教育界でも政界でもまかり通ってしまったのである。

「教育勅語」は、敗戦後も批判的に検討されることは少なく、文部省の中にも、勅語は平和的であり人間の道が示されているのに近年軍国主義者に悪用されたと発言するものもいた。しかし日本国憲法の公布によって、その内容の誤りが法的にも明らかになり、一九四八年六月衆・参両院で失効となった。しかし、「教育勅語」世代の中には復活を待望する声も少なくない。このような状況を反映して、中学校教科書各社は多様な形で「教育勅語」の内容を紹介している。憲法とともに天皇中心であると説明する日書、政府の学校に対する姿勢を説明するなかで「教育勅語」が果たした役割を位置づけた清水書院、「教育勅語」は国民としての心得を説いたとしながら根本の天皇への忠義に触れていない扶桑社の三例は、いずれも現代の社会状況を反映して象徴的である。

**付録資料**　いずれも、二〇〇九年版

教育勅語　憲法によって天皇中心のしくみを作った政府は、一八九〇年、教育勅語を発布して、国民の道徳の基本を定めた。政府はこの勅語を全国の学校にくばって、儀式などのたびに読みあげさせ、国民のなかに忠君（注　天皇に忠義をつくすこと）愛国の考えをしみこませようとした。

「私たちの中学社会　歴史的分野」（日本書籍新社）

国民教育の制度　……学校教育の制度は、教育によって国の理想とする「国民」をつくり出そうとするものであった。政府は学校令を出して、小学校4か年の義務制や師範学校・中学校・帝国大学などの制度をととのえたが、その一方では、天皇の教育勅語をこれらの学校に下し、儀式のたびにこれを朗読させて、生徒たちのあいだに忠君愛国（天皇に対して忠義をつくし、国を愛すること）の精神を植えつけようとした。

「新中学校　歴史　日本の歴史と世界」（清水書院）

教育勅語の発布　一八九〇年、議会の召集に先立ち、天皇の名によって「教育に関する勅語」（教育勅語）が発布された。これは、父母への孝行や、学問の大切さ、そして非常時には国のためにつくす姿勢など、国民としての心得を説いた教えで、一九四五（昭和二〇）年の終戦にいたるまで各学校で用いられ、近代日本人の人格の背骨をなすものとなった。

「新しい日本の歴史　歴史的分野」（扶桑社）

## 四　義務教育教材「走れメロス」を読む

### （1）天皇制国家との距離

「走れメロス」は一九四〇年五月、雑誌「新潮」に発表された。七〇年前の歴史状況は想像しにくいが、一九三五年は美濃部達吉の「天皇機関説」が攻撃され、岡田内閣が「国体明徴声明」を出し、一九三七年には文部省が「国体の本義」を作成した。一九四〇年は「皇紀二六〇〇年」の祝典が行われた年で、津田左右吉の古代史研究の著作が発売禁止になっている。文学界では、志賀直哉、武田麟太郎、小林秀雄、伊藤整、高見順などの作品が「文芸復興」と評価される一方で、プロレタリア文学運動は度重なる弾圧で衰退しつつあった時期である。「走れメロス」は、太宰が、転向した新進作家として読まれつつあったなかでの執筆で、作品は「中期の明るい健康的な面を代表する」といった好意的な評価が一般的である。だが一方で、亀井勝一郎は、「(転向など) 青春時代に受けた傷の深さ」から逃れることはできなかった、と述べている。この見方で「走れメロス」を見ると、太宰が転向宣言の一つとして、国家の為政者を題材とした小説を書いて、自分の作家としての力を示したいという思いも伝わってくる。

小説の付記に、「古伝説とシルレルの詩から」と記したのは、日本の皇室とは無関係な話だということを強調するためであろう。ただしこれを読み手が「世界にはさまざまな国があるよ」というメッセージだと受け止めることも可能にすることばである。

作品は、敗戦後一〇年を経た一九五五年、時枝誠記編「国語・総合編」にとりあげられた。順次各社が用いて、今回の中学新教科書五社では全社が載せている。これは、全国民の共通教材になったということである。そして、国家の主権に関する文学作品が、この寓話以外に何も見当たらないという日本の状況については、根本的に見直す必要があると思う。

ただしこのように採られている「走れメロス」は、生徒に無難に、楽しく読まれているようである。生徒が「走れメロスごっこをしている」などという話を聞くと、この作品を太宰の代表作とする多くの評論家の声もうなずける思いがする。それだけに気になるのは、具体的な国家との関わりである。

——私が中学校低学年でこの作品を読んだとき、この王様の原話は、日本の何天皇だったのだろうか、もしかしたら中国の皇帝か、などと考えた印象が残っている。子どものころの私は、国を治めるのは天皇か殿様しかいないと信じていたのだった。太平洋戦争直前の日本では、そんな疑念の声は出せなかったのかというのが、疑問の一つである。

だがそのような心配はあまり一般的ではないようである。私は生徒が授業の質問や定期試験の暗記用の解答集に使っているガイドブックを立ち読みすることが多いのだが、「走れメロス」の答えは各社が教訓的な形で上手にまとめている。その中の主題について略述する。

○東書　なぜ走るか。愛・誠・正義・信実の力、わけのわからぬ大きな力に引きずられて、走りぬいて王に信実が妄想ではないことを知らせる。（新興）

○教出　人間本来の弱さ・醜さを見つめながら、乗りこえる友情や信頼の強さ・美しさを描く。（みずうみ）

○学図　理想的人間像に対する声援。（みずうみ）

○光村　（まとめとして）考え方・生き方・人間像の変化。（光村）

○三省　肉体の疲労と友を裏切る弱さを大きなものの力で克服、命がけで友を救う信頼に応えて暴君を改心させたメロスの心の強さ。（三省）

なお、中学校全体の国語の学習参考書では次のように「走れメロス」を説明している。

○旺文社　中学総合的研究　友情と信頼を希求した「走れメロス」。

○学研　パーフェクトコース中学国語　真の友情を力強く描く。

共通項を「友情」「信頼・信実」「人間の変化」としてまとめることができるかもしれない。どれを用いても、教材文として提示すれば授業は成立すると思う。だが、「走れメロス」の実際の授業では、語り手のことばを通して無意識に表現していた冒頭の「邪知暴虐」と文末の「王様万歳」の違い、民衆と王様の関係を考えさせることは出来ない。それをつなぐものとしてメロスの生き方を考えさせることだけでは、絶対的国家権力や、天皇制を生徒に理解させることは出来ない。天皇制国家と距離をとろうとして、非秩序の生き方を取り続け、自殺に終わる人生の土壇場でつかみとろうとしたものは何だったのか、生徒と共に考えたい。

## (2)「邪悪」から「仲間」へ

「走れメロス」の語り手は、「メロスは激怒した」と王に対する怒りを述べ、「邪知暴虐の王」と叱咤する。ここでは完全にメロスに寄り添っている語り手は、王様の様子を老爺の言葉で紹介させ、親族や臣下で疑わしいと思う者を次々と殺していることを伝える。それを恐れてか、前はにぎやかだった町も寂しくなっている。怒ったメロスは王様を殺しに行ったが、警吏に捕らえられ、王の前に引き出される。短刀で王を殺そうとしたと答えるメロスに、王は「お前にはわしの孤独の心が分からぬ」「民の忠誠など疑わしい。人間の心はもともと私欲のかたまりさ」とつぶやき、「わしだって平和を望んでいるのだが」と言い放つのだった。

妹の結婚式のために、処刑までに三日の日限を与えてほしいと頼むメロスに、王は、だまされたふりをして釈放して、身代わりを三日目に殺し、人はこれだから信じられぬと悲しい顔で世の中の正直者に見せてやりたいと考えた。そこで三日目の日没までに帰ってこいと命じ、遅れたら身代わりを殺し代わりにメロスを許してやると約束した。

この後、王は、三日経って何とか間に合わせようとして走りかえったメロスの姿に感動して、「信実とは妄想ではなかった」と認めて、二人に「わしも仲間に加えてほしい」と依頼し、群衆の中から「王様万歳」という歓声があがったところで、作品は終了している。

邪知暴虐とされていた王が、人間に「信実」が存在すると気づいて、仲間に入れてほしいと依頼してすべてが解決するというのは、すばらしい結末だと思うが、一つ気になるのは、殺されてしまった親族や家臣の気持ちである。どのように謝罪して償ったのか知りたい気がするが、考えてみれば、封建社会の領主でも、昭和天皇でも、何の謝罪もしなかったし、それを求める声もあまり起こらなかった。「走れメロス」の実践記録を見ても、その点で疑問が出たというのを、私は見た記憶が無い。そうだとすると、太宰治の思考の中にも、そういう発想が無かったのは当然かもしれない。

## (3)「走れメロス」の限界

「走れメロス」に対して生徒の評価は低くない。恐らくメロスの誠実であろうとする心情に共感して、好意的に評価するのではないかと思っている。そして同じ理由で多くの評論家や研究者や教科書編集者が、メロス寄りに鑑賞しているのではないかと私は思っているが、これは私の思い過ごしかもしれない。何はともあれ、メロスについて考えてほしい点を三点述べる。

## 1、社会性、政治性の危険

「走れメロス」は、「激怒した」「王を除かねばならぬ」という厳しい決意表明で始まるので、普通の読者は、それに共感し、同情的視点で読み始める。だが本文はさりげなく、「政治がわからぬ」「牧人である」と、メロスの決意の実現には致命的な欠陥の持ち主であることを、さりげなく書き加えている。もちろん、何か実現しようとする場合、経済的・身体的・性的・精神的なハンディを持ちながら立ち向かうことがいけないというのではない。「走れメロス」では、この弱点が、メロスが努力しようとしていることとの大きな盲点になっていて、実現を困難にしているのに、語り手は全くそれに気づかない形で筆を進めていることを指摘したい。

さて、羊と遊んで暮らしている村の牧人にとっては、王のことや政治のことは全く無関心で過ごしていける暮らしを送って来たと思われる。「邪悪に対しては」というのも、盗みとか、売り買いのごまかしについてであって、政治とか村全体の問題などには、ほとんど関わってこなかったのであろう。老爺から国王のことを聞かされると、「あきれた王だ。生かしておけぬ」と、王を殺しに行くという短絡的な発想は、ふつうの社会人としては考えられない。

国王との対話がうまく進まないのは当然である。だがそれ以上に驚くのは、国王との対話のなかで突然妹の結婚式を思い出し、国王に死罪を三日間日延べするよう申し入れて、親友のセリヌンティウスを人質として置いていこうと提案し、わたしが逃げて三日目の日暮れまでに帰ってこなかったら、その友人を絞め殺してくださいと頼むのである。この勝手な願いを国王は受け入れるのだが、このメロスの言動を、二人の親友の当然の言動として認めてよいのか、解答は読者それぞれが出すことだろうが、私はこの点では絶対にメロスを認めない。そして、この点を含めて、メロスがこれまで社会的な活動をさけてきたことは、生き方の点で不十分だったことを考えなければならない。

## 2、「未練の情」と「裏切り」

セリヌンティウスの縄がほどかれた後、メロスはセリヌンティウスに「わたしを殴れ。・・・途中で一度、悪い夢を見た」と告白する。たしかに帰途、山賊たちを殴り倒し、峠を駆け下りたところで、午後の灼熱の太陽に照らされて、ひざを折り、路傍の草原に倒れて眠ってしまったのである。しばらく眠った後に、清水が流れる水音で目覚めて、水を両手ですくってひと口飲んで目覚め、最後の走りに向かうところで心にしみじみと迫る部分である。

だが、メロスはその前に、例えば妹の結婚式の最中にも、「しばらくは王とのあの約束をさえ、忘れていた」祝宴の夜について語り手は「メロスほどの男にも、やはり未練の情はある」という解説をつけている。さらに三日目には、出発後も「つらかった」「幾度か、立ち止まりそうになった」という状況で、「えい、えいと大声あげて自身をしかりながら走った」後、ようやく「ここまで来ればだいじょうぶ」と思ったとも記している。これらの「未練」について、「裏切り」と異なるとして、メロスは「一回だけ」と強調しているのだが、セリヌンティウスが親友だということを根拠に死を覚悟しているのに対して、メロスのほうは未練の情が何度も繰り返されることについて、わたしは共感することはできない。

それ以上に気になるのは、メロスが「人を殺して自分が生きる。それが人間世界の定法ではなかったか。」という論理を持ち出して、「わたしは、醜い裏切り者だ」と居直って、まどろんでしまったことである。たまたま時刻に間に合ったとして、セリヌンティウスは救われたが、このような危難を招いてしまった自身の行動について、さかのぼれば王に人質をさし出すことを提案してしまったことについての反省はどこにも見られない。

作家論を振り回してこれを作品の読みに安易に展開することには疑義があるが、私は「走れメロス」には、太宰の転向体験と共通するものを感じないではいられない。転向して、小説を書き続けるという心理には、自らの思想や人生観を大事にするよりも、すぐれた表現活動や新しい視点で小説を描くことは大切で、許されることだという思いが強く通っているのではなかろうか。そこではより新鮮な感性や、物の見方が重視され、古い思念は変更されてもやむを得ないという考え方が、太宰の作品の根本に存在していると考えることで、メロスの思いとして一貫させることも可能になると感じている。

### 3、群集の思いと「王様万歳」

水の流れる音で頭を上げたメロスは、清水を一口飲んで、夢からさめた思いで、義務遂行の希望がもどってくる。日が沈もうとする中を、メロスは、「わたしは信頼されている」とくり返しながら走り続ける。シラクス市の塔楼が見えるところで、セリヌンティウスが刑場に引き出されてからも「メロスは来ます」と答えていたことを、弟子のフィロストラスから聞かされて、メロスは「信じられているから走るのだ」と答えて走り続ける。この作品のクライマックスである。

日が没して最後の残光が消えようとした時、メロスは刑場に突入した。以後語り手は、重要な登場人物として「群衆」を描いて行く。——その群衆とは何か。

最終場面以前では、シラクスの町の「若い衆」「老爺」として登場する人々であり、自覚していないが妹の結婚式に集まってくれた人々である。その中の代表がメロスの到来を待っていた石工のフィロストラトスであり、何かの意思表示も考えながら刑場に集まって来た人々である。「走れメロス」では、この「群衆」を、事件を左右するもっとも重要な人物として描き出している。それは幕末であれば「ええじゃないか」のお札と共に打ちこわしを行った人々であり、明治時代には日比谷に集まって政府への不満を爆発させ、大正時代に米騒動に参加した民衆であり、関東大震災で逃げ迷い、南京陥落を祝って皇居前で大日本帝国万歳を叫んだ人々である。当然メロスの場合、王様の示唆で集まった人をふくめて、一定の人数が集まっていたことと、その人々は単なる見物ではなくて、必要があれば自分も意見を表現できるという気持を持って参集していたのである。

刑場にもどって来たメロスが最初に行ったのは、王様に対してでなくて群衆に向かって「その人を殺してはならぬ」と叫んだことである。群衆が気づかぬ中をメロスは群衆をかき分けてはりつけ台に登り、友の両足にかじりついたのである。それに続く描写の文はきわめて短い。「群衆はどよめいた。」「あっぱれ。」「許せ、と口々にわめいた。」と記されているだけだが、シラクスの町に引きこもっておびえていた同じ人々が、明確に王に向かって叫んでいたのである。群衆の「あっぱれ」は、メロスとセリヌンティウスに対する賛辞であるだけでなく、三日前に「人間はもともと私欲のかたまりさ。信じてはならぬ」と明言して、自分の一族の支配権を守ってきた王の政治に対する批判の声である。さらに王が、いつもやっている分断と裏切りの手口を使おうと、ことばを続けて、「遅れたら、その身代わりをきっと殺すぞ。ちょっと遅れてくるがいい。お前の罪は、永遠に許してやろうぞ。」と愚弄して分断支配を意図した王に、正面からセリヌンティウスを「許せ」と要求しているのである。本文では「縄はほどかれたのである」と記されているが、正確には「王はセリヌンティウスの縄をほどけと命じざるを得なかったのである。」と記すべき所だったはずである。

　続いて本文では、メロスとセリヌンティウスが「一度、悪い夢を見た」「一度だけ、ちらと君を疑った」と告白し合い、互いに「刑場いっぱいに鳴り響くほど音高く殴り合い、優しくほほえみ、「ありがとう友よ」と同時に言って抱き合い、嬉し泣きにおいおい声をあげたことを述べている。さらに本文は、群衆の中からもすすり泣きの声が聞こえたと記している。現実の状況としては、こうした状況を多くの群衆が直接見聞することは困難であるが、小説のストーリーの一場面として演劇的に処理したという便法を許してもよいところであろう。その劇的事件の結末を明らかにするために、ずっと控えていた王様について、「暴君ディオニス」という言い方で王の名前とそれを修飾することばを一気に明らかにする。そしてこれに続いて、王とシラクスの新しい関係を、瞬間的に作り上げようとするのである。これが一挙に行われたことで、メロスがはりつけ台で叫んだ「彼を人質にした私は、ここにいる」という懺悔の声は消えてしまったのである。同時に王の「命がだいじだったら遅れてこい。」という悪魔の誘惑の言葉も、聞きとがめられることなく、和解と睦みの中に昇華してしまうのである。

「走れメロス」を多くの生徒が肯定的に受け止めていることは、若い人々の間に絶望的な、又は刹那的な傾向を心配しているおとなたちにとっては、何はともあれほっとするところであると思う。だが、「走れメロス」の結末については、単純にメロスや王に共感するのでなく、さまざまな問題点を考えていくべきだと思う。

「走れメロス」という作品に即して言えば、太宰はこの作品の結末に当たって、二つの大きなサービスをして、読者の心を癒そうとしていると思う。その第一が「王様万歳」である。多くの国の王国神話や伝説で、王様が誤った道に進むものがある。その誤りに気づいて改めようとする王様に、民衆は拍手や歓声を送る。だが「走れメロス」の場合、国王が気づいたのは信実がメロスとセリヌンティウスとフィロストラトスの間に存在していたことに気づいただけで、王のまわりにどんな信実があり、どんな不信実が有ったかということについてはまったく考えていない。そうしたなかで、王が信実を共有している仲間の一人になれるかどうかは疑わしいのである。

ところが王の発言を聞いて、群衆に歓声が起こっている。王様が次々と人を殺したことは忘れられて「王様万歳」という声まで出されている。ここに、戦前の日本人の主権者に対するきわめて従順な意識がある。

もちろんこの作品は、日本の制度とは無関係だということは、太宰が著書の後記で詳しく述べている。また、国王という言葉は、戦前の日本人にとってはまったく無関係な存在だということもわかっている。だが一方で、天皇と国民の関係は、国の支配・被支配という関係では、天皇・王・皇帝と国民・臣民という関係では似ている面があるということも、戦前の日本人は常識として知っていた。また戦前の日本では、各藩主が殿様とか王様とか呼ばれて、臣下から敬意を払われていたことも、現在は国民平等だけれど江戸時代は違っていたということも自覚していた。そのような庶民感覚からは、「走れメロス」の王様には、国民とは別という意識が前提として存在していたのだった。

天皇に関しては、こんなエピソードもある。一九四六年正月、天皇は勅語を出して、天皇は人間だということを強調した。これはある意味では、「走れメロス」の昭和版だったのかもしれない。ただし皇室はその後全国各地を巡回したり、福祉活動に積極的に参加して、「走れメロス」の中の「仲間に入れてくれまいか」「仲間の一人にしてほしい」という言葉通りに、さまざまな努力がなされてきたことや、それにもかかわらず皇室の一人として生きていくには、いろいろなストレスを警戒する必要があることも周知の事実である。「走れメロス」は、正面から天皇制や王権を論じた作品ではない。

だがそれだけに一層、国民の主権から切り離されており、きちんとした寄り処のない王権というものが王にとっても国民にとっても制御し難いもので、王という存在の人はいろいろな苦労を負わされるということが、はっきりと読み取れる作品である。この点では、女性の宮家などでその矛盾の引き伸ばしを考えるよりも、「走れメロス」のような王権や天皇制に関わる作品を、タブー視するのでなく、きちんと読み解くものとしていきたい。

第2のサービスは少女の登場である。いつ襲われるかもしれない死の恐怖から一気に開放された喜びを象徴するエピソードとして、作品をまとめている。読み終えた後に、メロスと少女との愛のはぐくみをちらっと思わせてしまう。太宰らしい気の使い方がうかがわれる。

（執筆　二〇〇八～一二年）

# おわりに

この研究会に参加された執筆者9人のほかのみなさんに感謝したいとまず思います。ここにあるものは、二〇人に及ぶ人たちの合作です。時によっての増減入れ替わりはありましたが、多くの人たちによって、一つひとつの教材とその授業が検討されました。参加された皆様、ほんとうにありがとうございます。

教科書の平和教材が減ってきている中で、減っているからこそしっかり授業しようという声がまとまり、国語授業の中での平和に焦点を定めての研究をしようと「国語・平和教育研究会」が立ち上がりました。教育現場のものとして、子供の目で考えるように、一つの教材の授業という具体で討論してきました。教材分析・授業案・実践報告を中心に据えて、様々な研究団体に所属する人々が忌憚のない話し合いをしました。そして、明文化して集録という見える形にまではっきりさせることにしました。サークルの中ではわかっていることが、他サークルのメンバーに納得されるかとなると、容易ではありません。話し合ってわかったことも、文章化するとまた隙間が見えてくることもあります。まとめきるには再度再再度の書き直しと討論が必要でした。理論としてのやり取りでなく、授業という具体で考えることで乗り越えられたと思います。こうしてこれまでに一五年を経て、一〇冊の集録を出してきました。その中から9編を選び、ここに集大成としてこの本の形になりました。いくつもの国語の教育団体のメンバー（もちろん代表としてではありませんが）を含んだ多くの人の合作という、これまでにないいわば教研型の平和教材研究書ができたと自負している次第です。

今振り返ると、探り続けてきた中に二つの軸があったように思います。一つは、平和ということをめぐる範囲や視点です。小中高校を通した討論であることで、認識の発達とそれを支える広い視野、また変化する子どもの環境を授業の基礎条件として考えることになります。平等や自由とそれへの抑圧や障礙、貧困や格差、被害と加害、自然環境といったことが教材の中にどう含まれているかいないかという論議が頻繁に交わされました。戦争の定義が九・一一後変えられた現状での反戦・非戦・厭戦の捉え方、情報とその操作、なども論点になりました。

もうひとつは、読むことと書くことでの認識の関わりや、発表するだけの一方通行でなく話し合うことで深まる集団での学習の大切さやその方法といった授業のあり方も、論議の大きな焦点でした。今進められている情報読みといわれる話題のための資料としての読みでなく、この表現この作品はどう読めるか、時数に追われる中でも落ち着いた読みをどう保証していくか、現場で役立つことを考えました。

教材本文を載せられないのが残念ですが、教科書や手に入りやすい出版物からのものを多くと心がけました、忙しさに追いまくられている現場で、何とか役に立つと嬉しいです。

最後になりましたが、この本の出版をお引き受けくださった本の泉社の皆様に感謝し、お礼を申し上げます。

本多　道彦

# 執筆者紹介

**今井成司（いまいせいじ）** ＝杉並区立小学校を退職。現在、西東京市本町小学校講師。日本作文の会委員。東京作文教育協議会委員。東京民研国語部会共同研究者。編著書「楽しい読書感想文の書き方5年」（学校図書）「作文名人への道」（本の泉社）「楽しい児童詩の授業」（日本標準）「東京子供詩集・ないしょみつけちゃった」（百合出版）「教科書教材の読みを深める言語活動」（本の泉社）など。

**大山圭湖（おおやまけいこ）** ＝公立中学校教員。児童言語研究会副委員長。著書「中学生が考える私たちのケータイ、ネットとのつきあい方」（清流出版）。

**小林義明（こばやしよしあき）** ＝公立中学校教員。後、学習院女子大学非常勤講師。言語技術教育学会理事、「読み」の授業研究会事務局次長など。著書に「『夏の葬列』の読み方指導」（明治図書）・「国語の本質がわかる授業」全六冊（日本標準）編著など。

**中島礼子（なかじまれいこ）** ＝公立小学校定年退職。日本作文の会委員。東京民研国語部会共同研究者。編著・共著に「楽しい読書感想文の書き方」（学校図書）、「こころの絵本　8、いらつきむかつく」（大月書店）、「楽しい随筆の授業」（日本標準）など。

**橋口みどり（はしぐちみどり）**＝公立小学校在職中、日本作文の会会員、科学的読みの授業研究会会員。退職後、保育園で「絵本の読み聞かせ」のボランティア。共著に、「国語の基礎・基本の学び方」柴田義松編（二〇〇二年」明治図書）、「国語の本質がわかる授業3」小林義明編（二〇〇八年共著日本標準）など。

**平野勝史（ひらのかつふみ）**＝都内公立中学校三八年勤務。

**福田実枝子（ふくだみえこ）**＝杉並区立井荻中学校非常勤教員。児童言語研究会副委員長。共著に『個性をみがき合う文学の授業』（一光社）『総合学習に生きる国語教育　中学校編』（一光社）『最新中学国語の授業　文学・説明文　1〜3年』（民衆社）『中学生と学ぶメディア・リテラシー―メディア社会を生きる力を育てる―』、『いま、論理的思考力が育つ国語の授業―中学校編―』（一光社）

**本多道彦（ほんだみちひこ）**＝元公立中学校教員。東京民研。共著に『子どもたちの昭和史』（大月書店）、『楽しい国語　中1〜3』全三冊（麦の芽出版）

**森本真幸（もりもとまさき）**＝明治学院高校教諭、後、都留文科大学非常勤講師、国際キリスト教大学ＩＣＵ高校非常勤講師。日本文学協会ほか多くの教育研究団体に所属。

国語・平和教育研究会
連絡先ＴＥＬ：
〇三—三九三二—四六三八（ＦＡＸ兼用）

文学(ぶんがく)で平和(へいわ)を
二〇一七年　三月　一三日　第一刷発行
著　者　国語・平和教育研究会
発行者　比留川　洋
発行所　本の泉社
〒113-0033
東京都文京区本郷二-二五-六
Tel　〇三（五八〇〇）八四九四
FAX　〇三（五八〇〇）五三五三
http://www.honnoizumi.co.jp/
ＤＴＰ　杵鞭真一
印刷　（株）新日本印刷
製本　（株）村上製本所


ISBN978-4-7807-1614-6　C3037